佛教的世界
Buddhism

宗教的世界
5

布拉得利・卡・赫基斯 *Bradley K. Hawkins* 著
陳乃綺 譯
南華大學宗教學研究所助理教授 蔡昌雄 導讀

總　序

　　今日的有識之士和學生，都需要對當前這個小而複雜的世界，建立整體性的認識。五十年前或許你還不把宗教當一回事。但是，今天我們旣已更加精明老練，就當看出宗教和意識型態不單形成了文明，更直接影響到國際事務。因此，值此即將進入廿一世紀之際，這幾本小書針對主要宗教提供了簡明、平衡，極具知識性的導引性介紹，其中一冊還介紹了當前宗教景況的變遷。

　　在今日，我們期望的不只是博學多聞，更盼能由當前這許多南轅北轍且極度複雜的宗教生活與信仰中，得到啓迪。這幾本極具見解且易讀的宗教簡介書，便可以帶你探索各中的豐富內涵——了解它的歷史、它的信仰和行事之道，同時也抓住它對現代世界的影響。這些書籍是由一組優秀且相當年輕的學者所寫成，他們代表了宗教學術領域裡新一代的作家。這些作者在放眼宗教的政治與歷史性影響之餘，也致力於以一種新鮮而有趣的方式來展現宗教的靈性層面。所以，不管你是只對某一信仰的描述性知識感興趣，還是有心探索其中的屬靈信息，都將會發現這些簡介極具價值。

　　這些書著重的是現代這個時期，因爲所有宗教都不可避免地因著過去兩百多年的創傷性經驗，而產生了變化。殖民主義、工業化、國家主義、宗教復興、新宗教、世界戰爭、革命，和社會轉型，豈僅影響到了信仰，更從中攫取了宗教和反宗教的勢力來重塑我們的世界。在過去二十五年裡，現代科技——由波音七四七到全球網路——在在都讓我們這個

地球顯得益形微小。就連月亮的魔力都難逃科技的捕捉。我們也將在這些書裡遇見一些當代的人物,以為過去這幾百年裡諸多改變的實例。同時,每本書都對宗教的不同向度(其教導、文學、組織、儀式,和經驗)提供了有價值的意見。在觸及這些特色時,每冊書都設法為該做成全面包容性的介紹,以幫助你了解隸屬某一特定信仰所具的意義。正如一美國原住民的諺語所言:「未能設身處地經歷別人的經驗以前,別遽下斷語。」

為了幫助你做此探索之旅,書裡還包括了好些有用的參考輔助。每一本書都收納了一份編年表、地圖、字彙集、發音指南、節慶表、加註的書單,和索引。精挑細選的圖片提供了宗教藝術、符號,和當前宗教儀式的範例。焦點方塊則更進一步的探索了信仰和某些藝術層面間的關係——不論是繪畫、雕刻、建築、文學、舞蹈,或音樂。

我希望各位會覺得這些介紹既有意思且具啟發性。簡潔應是機智之魂——它也成為我們初試此一文化與靈性主題介紹時最為需要的。

加州大學比較宗教系教授
尼南·史馬特
Ninian Smart
1998年於聖塔芭芭拉

作者序

　　也許序文是最適宜用用來談論讀者手中究竟擁有什麼的一個場所。

　　本書是一把鑰匙，一把通往人類最古老、最吸引人的宗教寶藏之一的鑰匙，其目的在提供首次接觸佛教的人一個機會，使先行涉獵簡短的佛教哲學及歷史綜論，更重要的是對佛教的「感覺」。

　　然而本書只是通往浩瀚寶藏的鑰匙之一。因為讀者將發現，佛教擁有長達二千五百年的悠久歷史，其間經歷重大的改變及發展，本書對於每一個個別主題只能扼要地介紹。幸運的是，希望對佛教這個汪洋大海有更深入了解的讀者，對於任何他們想知道的有趣主題，都可以不虞匱乏地找到更詳盡的資料。

　　佛教有句格言，大意是說：人們在指出月亮的位置後，就不需要手指來指示月亮的方向了。那就是我的希望。希望這本書就像那指月的手指一樣，為有心對人類心靈最高尚的結晶展開發現之旅的讀者，提供一個前進的方向。

加州大學亞洲宗教系教授
布拉得利・赫基斯
Bradley K. Hawkins
1998.3

導　讀

　　這本介紹佛教的導論書，是放在世界宗教叢書的架構中來舖陳的。

　　誠如原著的叢書序與本書序所指稱的，要對浩瀚深奧的宗教傳統跨出了解的第一步，掌握一把簡潔有力的鑰匙，或許是個不錯的策略；而對於深受禪佛教影響的國人而言，對於作者「以指見月」的禪機隱喻，應該也能同感戚戚。因此，本書在內容的舖陳上力求簡明扼要，以激發廣大讀者群閱讀興趣的匠心，是絕對值得肯定的。不過，宗教體系的龐雜與宗教思想的精微，畢竟不是任何導論性的書籍所能涵括的，其納入討論的素材必然已是特定文化背景與知識框架下揀擇的結果。本書篇幅較一般佛教導論書籍更為精簡，割愛的情況自然更是無法避免。

　　基於個人專研宗教學及禪佛教思想的背景，以及批判閱讀的態度，我將對本書寫作的方法及呈現出來的佛教內容，提出以下幾點評估意見，以供讀者閱讀時的參考。

　　首先，我們必須明確指出原著作者與中譯本讀者之間，對佛教這個論述主題可能產生的認知落差問題。本書是西方學者所撰述的佛教導論，它原始設計的閱讀對象主要也是以英語系國家為主的西方世界，因此作者雖然緊守學術客觀的原則來陳述事實，不過對於主題的選擇與詮釋觀點的提出方面，還是很難擺脫西方文化的制約。這無疑是極其自然的現象。然而，因為佛教傳統對國人的潛移默化之深，使得讀者在閱讀本書時，對作者的表達方式及若干內容的說明，難免

會有隔閡之感，或甚至覺得與自己所認識的佛教有所出入。

關於這個可能的認知落差，我認為有兩點值得省思。根據前面所指出的本書寫作文化背景，國內讀者若有以上的感覺，部分原因自然與此脫不了干係；但是另一方面，由於身處某一特定文化傳統中的個人，對其俯仰生息的文化內涵，往往只知其然而不知其所以然，甚至有時會因為對固有傳統文化的過於投入執著，而無法看到真實的情況。這時外部的不同觀點不僅有平衡損益的功能，或許更有醍醐灌頂之效。一般而言，國人對於已融入儒道兩家精髓的中國佛教精神頗有體會，但是對其他的佛教傳統如南傳佛教、日本佛教與原始佛教之印度背景的理解，則很難跳脫自己的文化觀點制約。此外，佛道不分的民間宗教信仰，也難使國人對佛教獲致全面客觀的了解。就這點而言，我認為本書的「客觀」評述方式，對破除中譯本讀者的文化「偏見」是有益的。

其次，本書基本上是宗教史學的寫作方式。舉凡佛教的社會背景、組織、義理、禮儀與風俗等面向，書中均對其源起、發展與現況的扼要說明。作者尤其特別重視佛教在當代社會脈絡中的現況及其挑戰，可謂本書的特色之一。這樣的寫作方式，原是簡要介紹佛教比較討好的方式。不過，就我個人的觀察而言，作者對於內容的取捨與安排上似有若干值得商榷之處。

作者在第一章提及三種佛教的現況時，取南傳佛教、禪宗佛教與藏密的金剛乘傳統為介紹對象，而完全忽略了淨土宗的傳統，可說是一項敗筆。作者或因藏密傳統中亦有佛菩薩本尊的崇拜修持，又或因禪宗近代在歐美影響較大，成為西方印象中佛教的主流宗派，而未考慮淨土宗。不論如何，

這與現實的情況有極大差距，因爲淨土宗的宗派特色不僅非藏密之修持法門所能概括，其對東亞文化圈普羅大眾的影響之大，甚至更遠遠凌駕於禪宗之上。因此，雖然作者在後面有關佛教歷史發展的介紹中，有提到淨土宗的修行方式，但是他對淨土傳統在當代佛教中的重要性，顯然有低估之嫌。

作者在交待佛教的起源時，提及吠陀時期的儀式、婆羅門傳統、奧義書時期的冥思、梵我思想以及耆那教的傳統，但卻沒有對成爲包括佛教在內印度各教派共法的瑜伽傳統多所著墨，僅以沙門（Shamanism）運動一筆帶過，也是令人遺憾之處。此外要提醒讀者的是，某些涉及作者個人對佛教傳統的當代詮釋可能是有爭議的，比如第四章末了，作者認爲小乘佛教國家沒有女尼制係歷史的意外，而非蓄意性別差異對待的觀點，許多當代女性主義者未必會同意這樣的觀點。本書其他類似有詮釋疑義的議題，讀者當然也可以秉持自己的觀點與知識，做出適當的判斷。

最後，我想提出一點補充的看法以資參考。就類型學（typology）的角度分析，佛教──特別是原始佛教──的教義，相較於其他的世界宗教，可謂獨樹一幟。例如，史泰司（W. T. Stace）在《冥契主義與哲學》（*Mysticism and Philosophy*）一書中討論到宗教教義與冥契經驗的相關性時，便把原始佛教看成是難以歸類的特例。也因爲這個原因，佛教向來容易被世人誤解爲無神論者、多神論者或泛神論者，而莫衷一是。這個觀點在作者平舖直叙的過程中，並未特別標舉出來加以討論。這個涉及佛教思想核心的問題，當然不是一個可以簡單回答的問題，而義理的深究似乎也不在本書寫作目標規劃的範圍之內。但它確實是個重要的問

題。讀者在閱讀本書後若對佛教思想有更進一步了解的衝動，則本書的目的便達到了。類似上述的問題或許便是讀者尋求另一本深入著作時思考的起點。

南華大學宗教學研究所助理教授

蔡昌雄

1999.10.08

目　錄

總序 ……………………………………………………… 3

作者序 …………………………………………………… 5

導讀 ……………………………………………………… 7

佛教編年表 ……………………………………………… 13

第一章　概論：三種佛教概況

上座部佛教：戒律之道 ………………………… 19

禪：禪定之道 …………………………………… 24

金剛乘佛教：儀式之道 ………………………… 28

第二章　佛教的起源

佛陀時代的印度宗教 …………………………… 33

佛陀和他的教導 ………………………………… 40

第三章　佛教早期的歷史發展

佛教在南亞的發展 ……………………………… 51

大眾部佛教的興起 ……………………………… 53

佛教徒的使命及佛教傳入東亞 ………………… 58

佛教在日本及朝鮮的起源 ……………………… 62

西藏和金剛乘佛教的發展 ……………………… 63

印度佛教的衰微 ………………………………… 67

第四章　現代的佛教：殊途同歸

共同的遺產 ……………………………………… 69

上座部佛教：修行生活及種福田 ……………… 70

禪：虛空之道 …………………………………… 76

金剛乘佛教：注重儀式的密教 ………………… 79

　　　　淨土宗：阿彌陀佛的拯救恩寵 ‧‧‧‧‧‧‧‧‧‧‧ 82

第五章　佛教與現代世界的挑戰

　　　　佛教與斯里蘭卡的國家認同 ‧‧‧‧‧‧‧‧‧‧‧ 87

　　　　東南亞的佛教與殖民主義 ‧‧‧‧‧‧‧‧‧‧‧‧ 92

　　　　中國大陸對佛教展開全面迫害 ‧‧‧‧‧‧‧‧‧‧ 97

　　　　現代韓國及日本的佛教 ‧‧‧‧‧‧‧‧‧‧‧‧‧ 98

　　　　西藏佛教及文化的毀滅 ‧‧‧‧‧‧‧‧‧‧‧‧‧ 99

　　　　歐美佛教的新氣象‧‧‧‧‧‧‧‧‧‧‧‧‧‧‧ 101

第六章　廿一世紀的佛教：舊酒新瓶

　　　　面對萬變世界的挑戰‧‧‧‧‧‧‧‧‧‧‧‧‧ 109

　　　　佛陀永垂不朽的教導‧‧‧‧‧‧‧‧‧‧‧‧‧ 115

小詞典‧‧‧‧‧‧‧‧‧‧‧‧‧‧‧‧‧‧‧‧‧‧‧ 119

發音指南‧‧‧‧‧‧‧‧‧‧‧‧‧‧‧‧‧‧‧‧‧ 125

節慶日期‧‧‧‧‧‧‧‧‧‧‧‧‧‧‧‧‧‧‧‧‧ 127

參考書目‧‧‧‧‧‧‧‧‧‧‧‧‧‧‧‧‧‧‧‧‧ 129

中文索引‧‧‧‧‧‧‧‧‧‧‧‧‧‧‧‧‧‧‧‧‧ 133

英文索引‧‧‧‧‧‧‧‧‧‧‧‧‧‧‧‧‧‧‧‧‧ 141

佛教編年表

西元前	事　件
560	佛陀生日。
531	佛陀放棄王子身分，成為修行者。
525	佛陀達到開悟，開始傳教。
480	佛陀往生。
約480	第一次遺教結集在比哈拉加哥力哈舉行。 佛藏及經藏經文在此時標準化。
386	在吠舍離舉行第二次遺教結集；對佛教戒律作第一次的整理。
244	第三次遺教結集；上座部佛教經典確立。
約240	佛教進入斯里蘭卡。
約100	大眾部佛教肇始。
約50	佛教經文首次以斯里蘭卡文字書寫。

西元	
約50	中亞商人將佛教引入中國北部；第一次佛教經文中譯開始。
約100	卡尼斯卡召集第四次也是最後一次大規模的佛教徒結集。
約200	商人將佛教引入東南亞。
約300	佛教成為中國的主宗教；佛教開始進入韓國。
約02	中國朝聖者法顯至印度找尋佛教經文；第二次佛教經文中譯。
538	佛教從韓國進入日本。
630	中國朝聖者玄奘抵印度。
約750	佛教正式在西藏成立；金剛乘佛教開始。

約750	印尼婆羅佛塔的建立。
約800	禪宗及淨土宗成中國的主要宗派;日本成立天台宗及眞言宗。
約1050	西藏薩凱帕寺院建立;金剛乘佛敎推行改革運動開始。
約1175	日本臨濟宗確立。
約1200	長期頹廢的伊斯蘭敎,入侵印度對佛敎造成大屠殺。
約1200	淨土宗在日本成立。
約1240	曹洞宗在日本成立。
約1250	淨土(新淨土)眞宗在日本創立。
約1300	小乘佛敎成爲泰國的官方宗敎;不久之後,在高棉亦是。
約1360	上座部佛敎在寮國成立。
約1350	宗喀創建金剛乘的格魯巴宗派。這個宗派掌控了金剛乘佛敎;並由達賴喇嘛所領導。
約1870	中國及日本的移民將佛敎引入夏威夷及美國。
約1880	亨利、史特里、歐卡特開始在斯里蘭卡振興佛敎。
約1881	成立巴利文機構從事翻譯工作,將上座部經文譯成英文。
1893	在芝加哥舉行的世界宗敎會議將佛敎引入美國。
1931	在紐約創立美國佛敎協會以研究禪宗。
1931	強烈國家主義的佛敎團體「創價學會」在日本創立;至今仍然活躍。
1944	組成美洲佛敎團體以統一北美各種淨土佛敎團體。
1949	共產黨接掌中國;開始壓迫佛敎。
1950	在緬甸舉行慶祝佛敎承傳二千五百年的大型活動。

約1950	第一個禪宗團體在美國變得相當活躍。
1956	阿姆別得卡在印度振興佛教。
約1965	東南亞的衝突使得美國大眾注意到佛教，第一批上座部佛教老師抵美。
1967	中國文化大革命；摧毀很多中國佛教寶藏。
1968	第一批金剛乘佛教宗派老師開始在美洲傳教。
1975	赤棉接掌高棉；很多佛教僧侶被殺。
約1980	斯里蘭卡部分佛教僧侶的民族主義觀念導致內戰。

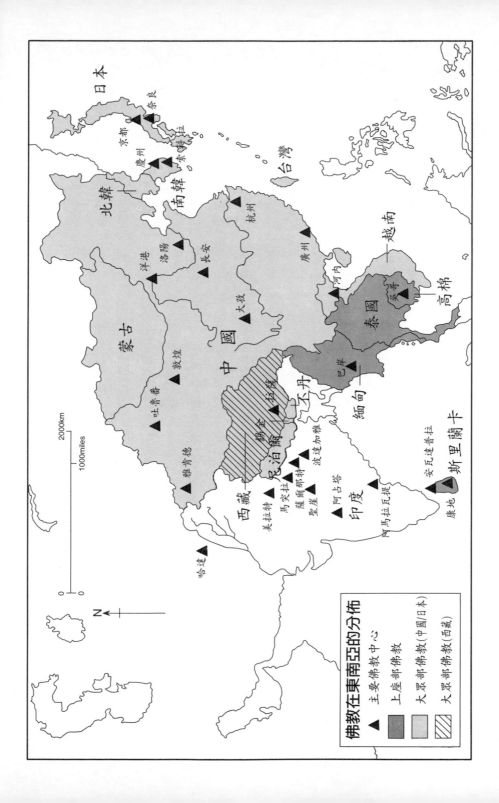

佛教在東南亞的分佈

▲ 主要佛教中心

■ 上座部佛教

□ 大眾部佛教（中國/日本）

▨ 大眾部佛教（西藏）

日本

奈良

京都

廣州

奈良

北韓

南韓

台灣

連港

洛陽

長安

杭州

蒙古

敦煌

大孜

廣州

河內

越南

吐魯番

中國

吳哥

泰國

高棉

雅肯德

西藏

拉薩

巴岸

緬甸

不丹

勒克瑙

尼泊爾

波達加雅

美拉特

安拉

薩蘭那特

聖崖

阿占塔

印度

安瓦達普拉

斯里蘭卡

哈達

阿馬拉瓦提

康地

2000km

1000miles

N

概論
三種佛教的概況
Introduction:Three Vignettes

上座部佛教① ：戒律之道

美麗的斯里蘭卡於印度東南的離島處。由於靠近赤道北邊，它是一塊翠綠的熱帶區。但它也是世界現存最古老的佛教國家，佛教的標誌處處可見。斯里蘭卡北邊有兩個久被荒蕪的古都，阿奴雷達普拉（Anuradhapura）和波羅那如窪（Polonnaruwa）大量的遺跡

證明了斯里蘭卡國王對佛教所作的貢獻。在波羅那如窪，巨大的佛陀雕像自岩石中刻琢而成，這些沉默的佛像從古至今一直受人尊敬。但此地的佛教並非僅是擁有光榮過去而已。

譯註：Theravada（上座部佛教）與 Mahayan（大眾部佛教）一般分譯為小乘佛教與大乘佛教，然而大小乘之分是中國式佛教的說法，外國學者或佛教徒皆以上座部及大眾部理解，故採此譯名。上座部與大眾部的差異在於對佛教遺教結集的教義不同而來。

當今斯里蘭卡七五％的島上居民，仍然遵行佛教創建者悉達多‧喬達摩（Siddhartha Gautama）的教導，一如西元前五百年佛教興起以來，佛教徒已遵行的一般。再者，很多斯里蘭卡人選擇進入**僧伽團**（Sangha）成為比丘與比丘尼，深入追尋他們的宗教。今天在斯里蘭卡已沒有正式的比丘尼，但以前並非如此。佛教始終肯定女性的地位。佛教史上的女人與男人一樣站在平等的立足點上追求**覺悟**（Enlightment）。

對斯里蘭卡人而言，佛教是活的信仰，它影響斯里蘭卡整個的生活，康地（Kandy）就是一個最明顯的例子。康地是斯里蘭卡在西元一八一五年受英國人統治之前最後獨立王國的首都。由於它建築在中部山區深處的一個隱蔽山谷，長久以來，人們都認為它是斯里蘭卡的佛教中心。不管從那個角度看，康地人對佛教的熱愛是很明顯的。臨近康地中心湖泊的，是斯里蘭卡兩個最神聖的佛教景點。達拉達麻利嘉瓦（Dalada Maligava）位在一側，我們稱它為佛牙之廟，因為它保存一件被認為是佛陀的遺物——他的一顆牙齒。越過湖泊，在對面的是麻耳瓦塔（Malvaltta），它是西雅姆尼卡雅（Siyam Nikaya）的大寺，也是島上最大佛教僧團的寺廟。不遠的另一端，是康地另一個主要寺廟，阿斯吉里（Asgiri）的所在地。它是第二大僧團的大寺。無以計數的小廟和僧侶的住所遍及整個城鎮和及周圍的偏僻鄉鎮，證明了一般老百姓對他們宗教信仰的普及程度。

然而並非在斯里蘭卡的所有佛教建築都是古老的。離康地南方約五到六哩處的群山中，有個新的佛教社區。它建在陡峭的山坡上，對當地人及有興趣作佛教文化取樣調查的外國人士提供服務。就像所有**上座部佛教**（Theravada），它呈

現給外國人士的，似乎是兩種相互衝突的佛教風貌。一方面，佛陀的廟宇是華麗、多彩且複雜的；另一方面，僧侶們卻在周圍環境中，過著最簡單的生活。然而這些相互衝突的形象，卻形構出一個上座部佛教的世界觀。佛教徒相信生命終究是苦，人死後會一再重生於世。這種生死循環稱為**輪迴**（samsara）。很多供奉佛陀的莊嚴廟宇是為了顯揚這位偉大的老師，因為他教導人類離開輪迴痛苦的方法。

進入寺廟，首先會看到巨石拱門，此拱門乃是世間及出世間的分界點。沒有精巧的記號作為分界，只有一個刻有八個輪軸的輪狀圖案置於石門頂。這個簡單的符號含括佛陀的全部教導。這八個輪軸象徵佛陀教導世人解脫世間苦惱的方法——**八正道**（Eightfold path）。軸心代表**涅槃**（Nirvana），那是所有佛教徒努力實現的目標。涅槃是非常不同於我們經歷的世界，而且無法描述。然而就其實義而言，它是永恆的寂靜。

位於山頂的寺廟頂端設置供奉佛陀的大殿。一進入這個大殿，馬上覺得自己處於一個涼爽微暗的空間。大殿內部只是由房間牆上一些窄窗射入的天光，和一些在佛壇上燃燒的蠟燭光所照亮。直覺的，全部的對話停止了。大殿裡的一切設計都為了使人靜下心來，並且讓瞻禮者注意到正中央的佛陀像。佛陀（Lord Buddha）的立像約有十五呎高。佛像被建造得這麼高，並不是因為佛教徒相信佛陀真有這麼高，而是象徵佛陀德行的高超。但這個雕像並非簡樸、無修飾的波羅那奴窟（Polonnaruwa）石雕，而是繪以橘、黑、紅、綠等鮮艷色彩所創造的鮮活形象。第一批弟子的雕像圍繞在佛陀周遭，也同樣被繪以亮麗的色彩，乍看之下栩栩如生。

位於佛陀像正前方的是佛壇。因為每日都在這裡**禮佛**（Puja），所以佛壇桌上擺滿了水果、鮮花和水。以這種象徵性的祭品來供奉，而非祭祀牲畜（甚或人）的方法是從佛教徒開始的，然再傳到印度的另一個大宗教印度教。它的目的不在於賄賂或安撫憤怒的神祇，而是答謝及讚美一位值得尊敬的導師。佛壇的兩側立著插蠟燭的燭台，形成象徵性的供光。檀香裊裊，到處聞得到，牆的四周也有其它肖像，是用來叙述佛陀的一生及他的教導。大部分的時間，只有做日課的僧侶住在這裡。但是每逢初一、十五的日子，情況就有所改變了。斯里蘭卡人稱這些日子為**布薩日**（poya days），是上座部佛的節日，很多村民在週日加入僧侶的宗教活動。

　　大殿的正下方是其他的寺廟建築。右邊的大建築物做為學校使用。為了教導孩子佛教的基本道理，通常都在這裡上課。這裡也為有興趣的外國人士開課。這些空間不做宗教教學使用時，就是一般的學校。自從佛教傳入以來，它與教育的關係始終存在。其它的建築物則是客房區、行政大樓和廚房。這裡的廚房頗有點創意。

　　向來理著光頭、穿著出眾的橘色袈裟的上座部佛教僧侶都在早上約九點外出，並在鄰近的鄉鎮挨家挨戶托鉢行乞。行乞來的食物聚集在每位僧侶的大鉢裡，大鉢則用掛在肩上的布條托著。收集到他們的食物後，僧侶就回到寺廟並在中午以前用餐，因為寺廟禁止中午之後進用任何固體食物。現在，隨著外國學生的加入，這個寺廟決定設置廚房。但是，他們不親自下廚，到現在僧侶仍不准下廚的。當然，鄉間的婦女競相爭取為僧侶下廚的榮耀。對在家人而言，對僧侶致贈東西或提供服務是獲得福報及轉生善趣的確切方法。

泰國上座部僧侶向路人布施，俗人藉著布施可以在當世或來世獲得福報。

　　再往山坡下走，遠離擁擠的擾嚷活動區，就是僧侶他們自己眞正的生活區。每位僧侶有他自己的小屋。小屋裡有一張床，一張桌子和椅子，也有一些書。一般說來，僧侶依據他被指派的職責過日子。在上座部佛教國家，通常僧侶非正式地分成兩種。第一種是村落僧侶，他們主要的工作是教學

及照顧在家人禪修的需求。第二種是叢林僧侶，人數較少。他們的主要活動是禪修。直到最近，專門教一般人禪修的中心才成立。在家人主要是提供僧侶生活必需品，像食物、衣服和藥物，以獲得福報，而禪修是僧侶的專利。在上座部佛教國裡，也掀起了一股禪修的潮流，以致紛紛建立中心教導一般人人禪修技巧。

嚴格說來康地中心並非為森林僧侶隱居處所而設計，可是他們很多人遵循那種生活方式。也就是說，他們盡量避免與外面世界接觸。因此想要遵循這種特殊生活的僧侶，必須要徹底地改變他的生活型態。除了一年當中的一些儀式節日，他必須停止與他的家人及朋友來往，也必須停止與一般大眾見面。這些限制指向一個很清楚的目標，就是達到涅槃。為了達到這個目標，僧侶們相信他們必須過著有戒律的生活。那些戒律是約在西元二五○○年前由佛陀所建立的規則，後來被集結為三藏中的**律藏**（Vinaya）。

這些戒律是僧侶修行的重要基礎。經由這種有紀律的生活而能掌控自己的身心之後，僧侶才能開始有效的禪定，無論如何，學習禪定並非易事。僧侶必須花很多時間去熟練他們的禪定技巧。有個影響深遠的著作對這種技巧作了深入的描述。此著作談及**知識**（Jnana）的八個漸進階段、**禪定三昧**（Samatha）的完成，以及最後深奧的**內觀**（Vipasyana），這將導向開悟並終止輪迴。

禪：禪定之道

提到這備受重視的主題，佛教世界其它地區的僧侶也發展出一套合適他們自己社會的禪定技巧這是不足為奇的。這

些宗派當中有一支是最急進的，具有佛教的形式且為西方人士所周知，我們稱它為**禪**(Zen)。在某些方面，禪宗佛教的寺廟讓人有一種與上座部佛教寺廟明顯類似的感覺。他們同樣給人寧靜的感覺和擁有嚴肅的宗旨。但在其它很多方面，他們也有不同之處，甚至連僧侶都有迥異的外表。就像他們的上座部佛教表親，禪宗僧侶也理光頭，但他們不穿寬鬆的橘色袈裟，為了適應東北亞較冷的氣候，他們改穿暗黑色的袈裟。

以**曹洞宗**(Soto)的本山永平寺(Eihei-ji)為例，就可以看出斯里蘭卡僧侶及日本僧侶的異同處。這所寺廟在一二四三年由日本道元禪師(Dogen)創建。它建在日本西部孤立偏遠的叢林深山裡，訓練課程至今仍被認為相當嚴格。由禪寺建築可以看出禪宗強調的是內省功夫。寺的外牆樸素，只有一、兩個緊闔著上了栓的門。然而一旦進入寺內，那就別有洞天了。

就如同大部分的日本傳統寺廟，永平寺是圍著一連串的庭院建築的，庭院裡有許多小花園，小花園裡種了許多生氣盎然的植物，有的利用沙石的抽象佈置呈現象徵性的意義。房間用紙門隔開，地板鋪滿了燈心草編織成的榻榻米(tata-mi)，使得房間內有種特別的味道。這些房間裡通常沒有家具，只有幾個椅墊而已。到了晚上，從一旁的櫃子裡取出睡墊，抖開這些睡墊後，房間就變成臥室。房間內唯一的裝飾也許就是小壁龕裡掛著的簡單幾筆墨畫，或者優雅書法寫著的一句禪偈。放在小壁龕前的小花瓶裡插著幾朵刻意佈置的鮮花。

這種簡樸的設計有助於塑造進入禪定的寧靜氣氛。很多

在這個寺廟受訓的僧侶留在那裡的時間相當短。按照日本習俗，僧侶是可以結婚的。但大部分的佛教宗派情況並非如此。日本各地還有一個習俗，兒子可以繼承當禪寺住持的父親的職位。然而兒子要接掌禪寺住持，他們必須證明他們禪定功夫的精深程度，而這必須在寺內鍛鍊修習兩、三年才能達到這個火候。只有少數僧侶選擇貢獻一生去追求覺悟，並且終生住在寺廟裡。

永平寺的訓練課程非弱者承擔得起的。雖然上座部佛教國家裡的僧侶，多半有他們各自獨立的生活空間，但禪寺中的僧侶通常都住在宿舍。僧侶在日出前起床，並以冷水沐浴。然後他們開始進入大殿做早課。很多歐美人士一直認為禪不需要儀式或經書。這是因為最早期以歐洲語文介紹禪的作家強調禪定，往往忽略或不重視禪修的其他層面。事實上，就像佛教的其他宗派，禪宗在禮佛方面已設計了多彩多姿的複雜儀式。

但對於眞正的禪修者，一切的動作是用來加深他們的禪修。當禪宗僧侶如廁、坐下用餐、準備就寢，都有一套規定的儀式。的確，禪宗僧侶的一生都被這樣的儀式明確限定。他們必須記得這些儀式本身並不重要，它們只是達到目的的一種途徑。他們的目標就如同上座部僧侶的戒律規範，是用來加強僧侶的正念，使他有意識地了解他所做的每件事。這種「**念力**」（mindfulness），佛教始終視之爲達到開悟的主要方法之一。

早課之後，永平寺的僧侶開始進行一到一個半小時的第

禪宗僧侶遵守規定的儀式，以能成就「集中注意力」的一種「念力」境界，俾能使禪定更深入，而能協助達成開悟的目標。

一階段禪修。禪修者第一件要學的是正確的禪定姿勢。那就是坐在地板上，交叉雙腿，也就是所謂的**蓮花坐**（lotus position）藉著椅墊提起臀部，背部就能挺直而頭也能豎立。雙手交叉放在膝間。

禪修有二種基本方式。第一種是清淨心念，達到深定的狀態，曹洞宗（Soto）即採用此一方法。像觀察呼吸出入這樣的技巧就可使人進入禪定。這一派堅持，假如一個人夠深入禪定，他就能領悟實相，因而獲得覺悟。第二種方法的目標也相同，**臨濟**（Rinzai）它與曹洞宗不同之處在於**公案**（koan）的使用。公案是一種謎題，而且似乎沒有合乎邏輯的答案。這種練習的重點在於用公案徹底打破現世的二元邏輯觀，因而終能了解實相。

結束禪修後，僧侶終於可以用餐了。禪寺的飲食以素食為主。不像上座部僧侶可以吃不是專門為他們而殺的肉。禪宗僧侶不允許吃動物性蛋白質。這就是為什麼他們如此重視吃植物性蛋白質，像豆腐及均衡攝取不同食物的緣故。在歐美長壽飲食一直很流行。僧侶也不允許抽煙及喝酒，至少在他們受訓期間是不允許的。就像他們所有的其他活動，用餐與之後的清潔工作都是以一種慎重從容且儀式化的方式進行。早餐後，他們做更多的禪修，一直到午後，再吃另外一餐。然後他們疏散去從事一些廟宇的維修工作及整理私人物品。近日落時刻，做完晚課，一天就結束了。之後，僧侶就可入睡，或者他們願意的話，也可自行在晚上禪修。

金剛乘佛教：儀式之道

所有佛教學派都視禪定為其宗教的修行中心。但每個學

派有他自己界定儀式的特色。不久前在紐約市有一個很明顯的例子。假如你願意，請發揮你的想像力，麥迪遜花園廣場（Madison Square Gardens）充滿了人潮。這是很平常的景象，因為花園裡經常擠滿了為他們喜愛的冰上曲棍球隊打群架或加油的人們。而今在廣場上看不到球隊，只見一個穿著鮮艷色彩的男子坐在突起的講臺上。圍繞在他四周的是穿著略為優雅、頭上戴著黃羽毛高帽的人。這些人正以深沉低音唱誦並且吹奏著奇特的樂器。但這並非是光怪陸離的滾石音樂會，而是金剛乘佛教（Vajrayana；又稱西藏佛教）格魯派（Gelugpa）最莊嚴的時輪金剛（Kalachakra）灌頂儀式。它正由西藏佛教僧侶最推崇的**達賴喇嘛**（the Dalai Lama）主持。

達賴喇嘛坐在突起的講臺上，在他前面的是一幅複雜的巨畫。那是以許多不同色彩的砂子，用極精巧的技術製成的。這幅畫可能須費時數週方能完成，因為砂粒通常一次只能放一種或兩種。它是由投注畢生精力專精於複雜設計的藝術僧侶完成的。我們稱它為時輪金剛**曼荼羅**（Mandala）。金剛乘佛教徒認為這幅畫象徵著全宇宙的地圖。它的目的是要引導個人完成涅槃。

西藏佛教徒相信每個人都有不同的天賦與能力，每個人必須運用不同的方法才能擺脫輪迴。如同其他的佛教宗派，禪定被認為是遠離輪迴最主要的工具。然而西藏佛教徒也相信經由儀式的力量，可獲得開悟。這種雙管齊下的途徑使得西藏佛教有別於其他佛教宗派；其他宗派總認為儀式是附屬於禪定之下，而且需經歷連續幾世才可能開悟。西藏佛教卻相信，假如一個人準備承擔風險，只要一世就可達成開悟。西藏佛教對於開悟的頓悟給予另一個名稱**金剛乘**（Vajrayana）——霹靂之道。

　　灌頂加持是西藏佛教的特色。**怛特羅**（Tantra）就是這個宗派發展出來的傳統。怛特羅佛教（Tantrism）認為假如一個人想在前往涅槃的途徑上有所進步，藉著**上師**（guru）引導進入特定的修行，並閱讀某些經文是必要的。西藏佛教相信，上師的證量越高，灌頂加持就越有效。因為今世的達賴喇嘛是西藏傳統精神領袖，很多人，包括男人與女人，遠至紐約接受他的灌頂加持。大部分參與時輪金剛灌頂儀式的人，並不想進行嚴肅的修行受戒成為僧侶。他們相信接受灌頂會為來生種福田，並且能創造引領進入覺悟的環境。就某種意義而言，它就是來生的保證。

　　灌頂儀式能讓那些已經準備一般時間，想要透過密教法本和法門來深入修行的人們，獲得研究經書的許可。準備的方法就是基本的修行。西藏佛各宗派的修行法不一，但有幾個修行卻是相同的。第一個就是五體投地伏身禮拜，修行者在殿前對佛陀全身趴下然後再起身站立。這個頂禮工夫必須做十萬次。

　　做十萬次的頂禮是象徵性的崇拜，不只為人類好，也為一切眾生好，修行者背誦的**眞言**（mantra，或稱聖咒）也有同樣的用處。假如一位修行者想要發展道德及獲致心靈純淨，做這些練習是必要的，因為必須獲得這些基礎，才能嘗試艱難及危險的霹靂之道。完成這些基本練習後，有較高層灌頂允許修行者修持特殊的禪定。這些禪定通常與利用特別的眞言，神祕唱誦或想像一種特別的**本尊神**（yidam）或守護神當成修行者禪修的焦點等技巧有關。

　　西藏佛教的儀式特色在時輪金剛儀式中特別明顯。儀式

在中國的曲章喇嘛廟，西藏僧侶帶著黃色帽子舉行儀式。

中的每件事都與接受灌頂的每個人有關。西藏佛教相信身體
是個獲得拯救的舟乘，並不否定肉體。芬芳的香、亮麗色
彩、複雜圖案、低沉有節奏的樂器演奏和僧侶的集體合唱，
這些都可用來緩緩地引導修行者的意識遠離感官世界而進入
較高的實相。廣泛地使用這些象徵，可以達到這一步。在這
裡曼荼羅是很重要的。甚至用來組成曼荼羅的物質都是象徵
性的，象徵人生無常。在儀式末了，曼荼羅被摧毀，砂子丟
入大海或河流中不再使用。這都在強調輪迴的無常。

　　他們也大量使用其他象徵物。達賴喇嘛及僧侶手握**金剛**

杵（dorjes）及寶鈴（ghantas）打手印（mudras）。金剛杵是有兩端點的小寶杖，通常是銅做的，它代表閃電。這樣的閃電象徵兩種善巧方便（Skillful means），其一就是善用人類存在的所有層面以獲得開悟。其二就是獲得無法摧毀的不變實相。寶鈴是手鈴，握在另一隻手上，它象徵著修行者追求的智慧。在西藏佛教裡我們還可發現其它象徵物。其中之一就是儀式短匕（phurba），它象徵性的被用來切斷無明。有些儀式也使用人類頭蓋骨做的杯子及大腿骨做成的喇叭。

在歐美人士眼裡，這些似乎是怪異，甚至是難以接受的。其實他們不必如此大驚小怪。就像其他的佛教徒一樣，西藏人相信全人類須經歷無終止的投胎轉世，因此死亡既非孤立的事件，亦無須畏懼。留下的身體也同樣不具意義。假如可以善用肉體，死者也會因此在新生命裡受益。天葬（sky burial）就是一個最好的例子。在那裡死者的屍體被切成塊狀，且暴露在野外給其他生物食用。等肉被吃光後，再將骨頭收回並加以清洗，之後也許掩埋或製成宗教用品。對西藏人來說，將死人的屍體捐出給其他生物當食物或製成宗教用品，是一種極大的施捨，將嘉惠所有有緣的眾生。

2 佛教的起源
The Roots of Buddhism

佛陀時代的印度宗教

要了解前一章討論的各種實踐及信仰是如何開展,我們必須首先了解佛教的歷史發展。就像其他的宗教,佛教起源於某地某時,它的型態與理念都與它發展的環境有關。因此,考量印度的宗教發展是必要的。印度是個大國,受到高山及海洋的阻隔,孤立於亞洲國家之外。這些特性也是它氣候形成的原因。印度有三種截然不同的季風氣候:熱季,涼季和雨季。雨季大約從五月持續到十月,大雨嚴重地影響鄉間的交通。

此外山脊河流把印度分割成數個不同的區域。在佛陀的時代,最重要的地區是恆河(Ganges river)河谷。恆河由西而東橫越北印度的大部分。印度很多重要宗教都在這裡萌芽並且蓬勃發展。一直到後來,他們才擴展到南部。約於西元

前五〇〇年的佛陀時代，這個地區屬於宗教的蓬勃發展時期[①]。在各種思潮中，有三種影響佛教發展的宗派：吠陀教（Vedic religion），沙門運動（Sramanic movement）和耆那教（Jainism）。

■婆羅門教：早期祭祀的印度宗教

古代的吠陀教是這些宗教活動中最早且最古老的。《吠陀經》（Vedas）經是印歐語系雅利安人（Aryans）的聖書。大部分學者相信雅利安人大約於西元前二〇〇〇年至一五〇〇年間從南俄大平原來到印度。最早的雅利安人講的語言可說是現代英語的老祖宗，後來在印度發展成**梵文**（Sanskrit）。梵文就是印度教的聖文。這些半遊牧、趕著牛群的雅利安人開始統治當時就已住在印度並以農為生的人。雅利安人的社會有三種主要的社群：祭司、戰士和平民。這種社群區分就是眾所周知的**種姓**（Caste）制度。每個社群在社會上有特定的職責。後來，當這個制度變得更為嚴格時，不同階級的人不能通婚，甚或不能一起用餐。對這些被征服的非印歐語族人，這更是不爭的事實，他們變成了第四階級。宗教是祭司階級的特有轄區，祭司階級名為**婆羅門**（brahmins）他們是四個階級中最高階層者。雅利安人流傳後世的最古老宗教文獻《梨俱吠陀》（Rig Veda），顯示他們的宗教並非靜態的，而是一個活生生的實體，它會隨著時間改變及發展。

一開始，雅利安人似乎就信奉了一種以祭祀為主的簡要

---

① 有關佛陀生平確實日期與佛教早期發展，學者專家看法不一，至今仍是嚴肅辯論的主題。在後續各章中所提到的年代，為絕大多數學者所認同。但即使如此，這些年代也只是大約的推算。

宗教。如眾神的戰士王因陀羅（Indra）和火神阿哥尼（Agni）等神祇，都被認為是大自然力量的化身。雅利安人相信眾神或多或少與凡人一樣，他們做事受到動機的影響。因此，祭祀被認為是商業性的交易，凡人提供祭品與神交易某事。在回報上，獻祭者希望受到一些恩惠，通常都是一些物質上的，如長壽、多子或戰事上獲得勝利。

祭祀是祭司階級的特權。於西元前一五○○至一○○○年間寫成的最早期《梨俱吠陀》一書中所提到的這些祭祀似乎是相當簡單的事情。地球上的祭祀者屠殺牛或其他動物，並邀請天上的神下來共享宴樂。然而隨著時間的演進，祭祀的儀式變得越來越複雜。於西元前五○○年佛陀時代之前，有些儀式甚至可持續一年，並需要相當可觀的經費及僱用相當數量的祭司。

這種改變對**婆羅門教**（Brahmanism，後期吠陀教的專門用語）的發展有兩種影響。第一，它使得雅利安社會中較為窮困及權勢較低者完全無法舉行他們宗教中越來越精心設計的儀式。他們根本負擔不起這種複雜昂貴的儀式。此外，這塊土地的被征服者亦被摒除於祭祀行列之外。實際上他們完全與他們征服者的宗教斷絕關係。第二，婆羅門祭司在雅利安社會中擁有更多的權勢。

我們可以從後來的婆羅門教經典（書寫於1200-900BC）了解這種發展。然而，這些晚出的經典不同於《梨俱吠陀》，把注意力的焦點放在眾神的故事及對諸神的讚美。相反的，這三本經典的主題是有關正確祭祀的執行方法。由於這些祭祀儀式已變得累贅繁雜，所以提供指導書籍給祭祀的執行者變成是必要的，換言之，經典的內容就是如此了。然

而，從這些混合的指導內容中，我們看到了悠久印度宗教傳統的起源及哲學思索。這些思索是以世界的創造、實體本性及較為實用的問題為主，例如在維護宇宙秩序中祭祀所扮演的角色。

■沙門運動：宗教思索的興起及個人的努力

隨著時間的推進，祭司變得愈來愈確信他們的祭祀行動不僅取悅諸神，其實還「強迫」眾神應允所求。可以想見，婆羅門自認為雅利安社會的卓越分子，因為他們舉行的儀式可產生力量，促使宇宙維持運轉。但是在雅利安社會裡其它族群也跟婆羅門一樣在思索相同的基本宗教問題。他們的結論完全不同於祭司階級。這些西元前九○○到六○○年間的思想家集體稱之為**沙門主義者**（Sramanas）。

沙門的思想家認為祭祀是一種內在改變的象徵性與比喻性的呈現，而非具體的儀式行動。因此祭祀的每個元素都能與個人一些內心的態度或行為相呼應。剛開始，沙門的哲學本質較傾向物質面。例如，維持生命的激勵原則──生命氣息（prana）被認為就是呼吸，加以延伸解釋就是風。然而，沙門思想迅速發展出超越其原始粗糙的想法，提升為一些概念。從此這些概念就成為印度宗教思想的中心。

在這些想法當中最基本的就是有關個人靈魂的**自我**（atman）及終極實體的**大梵**（Brahman）概念。對於宗教的思索，沙門的思想家探索很多不同途徑，這可由他們的哲學書籍《**奧義書**》（*Upanishads*）中看得出來。個人靈魂是純潔的，它是永恆且是不朽的。個人靈魂是終極實體的片斷，終極實體則是創造及維持宇宙的精神力量。因為個人靈魂是不朽的，沙門的哲學家極想知道的是當人死去後，肉體不再存

濕婆是許多印度教神祇裡的一位神。佛教唾棄他們那種複雜且昂貴的供奉儀
式。

在時，個人靈魂存在哪裡。早期的雅利安人相信天堂的說
法，但沙門的哲學家拒絕這種想法，而喜愛**輪迴**（reincarna-
tion）的概念。

　　所謂輪迴就是人死後又不斷投胎重生。這種概念迅即為
全印度宗教所接受。然而同時，它又產生了其它的哲學問

題。西元前八〇〇至六〇〇年間,當沙門的思想發生改變時,這些問題變得更加重要。在這段期間之前,雅利安人對於生命及這個被創造的世界,一般來說是持一種積極正面的態度。基本上,他們認為生命是美好的。然而西元前八〇〇年之後,印度的世界觀變得相當的悲觀。生命的樂趣被視為是短暫的,而且終究是無法滿足的。當這種對人類情境的新評估廣為流傳時,輪迴反而被視為是一種負擔而且是眾人想要避免的。

　　同時期發展出的另一個想法就是**業**(Karma)的概念。這種概念的關鍵在於這個簡單的前提:所有的行為都有報應。「善有善報,惡有惡報。」然而對於那些行善卻飽受折磨或那些異常邪惡卻大發的人,又怎麼解釋呢?「輪迴」又一次提供答案。如果一個人的業報並未在這輩子得到報應,那麼在下輩子或甚至下下輩子就會得到報應。這種概念使得印度宗教可以規避惡的問題。以業及輪迴的觀點來看,善人受惡報那是個人前世惡行的結果。而且行為不當的人將會為其行為受苦,若不是在現世則會在下一世。

　　這些新的哲學概念塑造了沙門宗教修行者的觀念和目標。整體來說,他們大多是來自印度社會的非婆羅門階級。假如人類是要不斷地投胎進入一個基本上不令人滿意的世界,那人類最需要達成的目標就是解脫(moksha),脫離生死輪迴。唯有經由個人靈魂與宇宙終極實體的融合,脫離輪迴才可完成。但要如何達到呢?在這方面則有不同的看法,大部分沙門主義者認為個人靈魂要能與終極實體融合,唯一方法就是透過修行,去削弱肉體對自我的掌控。我們稱之為苦行主義,包括齋戒、獨身、不眠甚或裸身。苦行主義會產

生熱力（tapas），那是一種心靈力量，它可破除無盡的生命輪迴，使個人靈魂得與終極實體融合。從佛教經典《長阿含經》（*Digha-nikaya*），我們知道了很多沙門主義者實踐極嚴厲的苦行生活，除了齋戒與不眠，他們也發誓不躺下睡覺，不在屋內停留，不穿衣著，手臂置於頭上數年，用一隻腳站立十年等等。諸如此類的苦行主義英雄式行為，不僅是印度教過去的一種特色，在今天仍看得到。

■耆那教徒：自助的宗教

第三個主要影響佛陀思想的是苦行的**耆那教徒**（Jains），耆那教徒不像沙門主義者和婆羅門，他們有一個清楚明確的創立者——大雄（Mahavira，約580-500BC）。他是二十四位主要耆那教領導者中的最後一位。馬哈維亞（大雄）是戰士階級的成員（有些故事中稱他為王子）。儘管已婚並育有一子，但為了要脫離輪迴之苦，決定放棄幸福的世俗生活。他是一位有名的苦行者，相傳他達成開悟並脫離生死輪迴。他獲得開悟後，開始聚集門徒組成教團，依明確的修行次第，引導他們開悟。其中的主要概念，就是**不殺生**（ahimsa）。

簡而言之，耆那教對不殺生（非暴力）理解是源自他們對於業的認識。對耆那教徒而言，業是真正實質的，是一種會使自我變得沈重的黏稠殘餘，自我受其羈絆將無法升到宇宙之頂，因而無法擺脫投胎輪迴。業是惡行為的累積，而最嚴重的業則是殺生。耆那教徒相信所有生物都有生命力。的確，像是動物和人不只有一個生命力。因此對耆那教徒而言，對生物的傷害減低到最小是必要的，因為傷害生物最容易累積惡業。耆那教徒是印度第一個提倡素食的團體，他們

不為食物而殺害動物。然而，就其本身而言，光是避免累積新的業並不足以確保脫離生死輪迴。一個人必須「燒掉」他過去所累積的業才能認識真理。唯有到那時，一個人才能從生死輪迴中解脫。

佛陀和他的教導

■佛陀的生活

一般我們都認為，關於釋迦（Sakya）王國喬達摩（Gautama）家族悉達多（Siddhartha）一生資料似乎不少，歷史上稱他為佛陀或覺悟者（560-480BC）。然而這樣的假設是不智的。最早集結的佛陀傳記《佛所行讚》（*Buddhacarita*）。是馬鳴（Asvaghosa）約於西元一〇〇年寫的，此前，我們對佛陀的認識只能從佛教經典中的零星資料去獲得，或者在《本生經》（*Jatakas*）的文學作品中發現佛陀的部分資料。

《本生經》叙述佛陀最後一次輪迴之前及開悟之前的生活。雖然關於歷史上佛陀的事蹟，這些故事很少或沒有提供真正的資料，但它們用以了解佛教倫理及形上學的教義上，卻是一個相當重要的來源。所以它們對很多佛教團體的影響在今日還是存在的。此外，我們必須了解佛陀的生活故事，就如同我們現在知道的，它本身已是定了型的記述。當我們看到同時期其他偉大宗教領袖大雄的傳記時，我們可以看到類似的傳述。這些故事採用印度宗教傳記的共同型式。這類傳記的目的不在於叙述個人的真實生活，而是將此人呈現為宇宙真理的具現。

一般咸認佛陀生於印度東北的藍毘尼（Lumbini），剛好在現今尼泊爾邊境內。佛陀生於西元前五六〇年，他的父親

佛陀的弟子

歷史上凡是有教主的宗教在教主死亡時都面臨一個嚴肅的問題。能夠克服這個問題的那些宗教都有一群優秀的弟子接掌創教者的工作。佛教的情形就是如此。的確，至今在佛壇上看到的一些肖像就是那些弟子。

佛陀看重的弟子顯然是舍利弗（Sariputra）。他生而爲婆羅門，而且在他的時代人們認爲他是一位有力的印度教發言人。他在與佛陀辯論各自宗教制度的相對優點後，便改信佛教。多才多藝的舍利弗爲佛教貢獻力量。舍利弗走遍印度，據說他帶領許多人歸依這個新宗教。他是佛陀的明確繼承人，傳說他在佛陀往生之前幾個月就先往生了。今天，他被供奉爲智慧之神。舍利弗的朋友目犍連（Mahamaudgalyana）跟著他加入僧團，也爲人所敬仰。他最爲人稱道之處就是具有神通。

佛陀死後負責維持僧團繼續運作的僧侶是大迦葉（Mahakasyapa）。他的苦行及嚴格的道德標準爲人所周知。據說他是西元前四八〇年初次遺教結集會議的召集者。這個會議決定了佛教公認的重要經文並訂定未來佛教的發展方向。此外，大迦葉也被中國及日本佛教徒視爲是禪宗的祖師。在禪寺裡，他的雕像通常立於佛陀像右邊。

立於佛陀像左邊的是阿難，他是禪宗派的第二位祖師。由於他是佛陀的侍者，所以很受敬重。當佛陀去世時，身爲堂弟的阿難是唯一能複誦佛陀全部教法的僧侶。

淨飯王（Suddhodana）是這塊土地的國王，所以佛陀生而為戰士或統治階級而非祭司階級。他的母親摩耶夫人（Mahamaya）據說未經交媾就懷了他，並在生下他七天後就死了。他是由姨母撫養長大。在他出生後不久，根據當地的習俗，必須要諮詢婆羅門祭司，以便為太子占相並計畫他的未來。那位婆羅門祭司告訴淨飯王，太子有朝一日會成為一位偉大的國王，要不然就會是一位偉大的宗教領袖。

淨飯王希望他的兒子繼承他的王位，所以他決定小心翼翼地保護這個小男孩，免得他經歷失望及對世界的幻滅。所以佛陀是在特權及嬌縱的環境中被撫養長大，而且被教導一些成為世俗統治者的技巧。後來佛陀與他的表妹——耶輸陀羅（Yasodhara）結婚並且育有一子羅睺羅（Rahula）。儘管生活在奢華環境裡，未來佛卻想了解宮殿外的世界。

在他廿九歲時，有一天他告訴他的馬伕想外出去看看外面的城市。人們馬上將他的願望稟報國王，他的父親要求他延遲一天再出發。在這段時間內，國王刻意安排，不讓兒子看到病弱及年老者，免得他的兒子了解人間疾苦與死亡。不幸的是他遺漏了一位老人。王子從未見過年老者，於是他問車伕，那位老人是怎麼了。他被告知那只是步入老年不可避免的結果。受到這個刺激，於是佛陀又背著他父親，再次外出，這次他也看到了疾病及死亡。在他身為王子時的最後一次外出，他也遇見了一位流浪的聖人。佛陀詢問關於這個人的事，獲知那是一位已經掙脫世界諸惡的人。悉達多王子對此印象深刻，並下定決心效法。

半夜，他吻別熟睡的妻子，耶輸陀羅和孩子，騎著馬永遠地離開了他的俗世生活。剛開始，他修的是類似大雄的極

嚴厲苦行生活。不管天氣如何，他裸著身子在鄉間流浪，繼續齋戒、不浴、不眠及實行所謂那時期的沙門主義信徒普遍修持的苦行。他也向當時兩位有名的禪定老師學習，他們是阿羅藍（Arada Kalama）和鬱陀羅伽（Udraka Ramaputra）。從這兩位老師，佛陀學得如何進入禪定境界。至今，這種情況仍是**瑜珈**（Yoga）的標記。但他並未達到他希望獲得的宗教洞察，所以他再加倍施行嚴酷的苦行，為要成就開悟。

有一天佛陀在恆河旁的燙沙上禪修，他得到了第一個主要結論。那就是嚴酷的苦行是無效的。那時，一個名叫蘇闍妲（Sujata）的村婦正好路過，她供養聖者糜粥，佛陀吃了以後恢復了身心力量。這件事有效的結束了佛陀的極苦行時期。從此佛陀循入中道來尋求開悟。他主張所有事物都要適度。人要吃足夠的食物以維持身體健康但不要過量。人要有足夠的休息但不能過多。這種中庸之道與當時的宗教修行迥異。

儘管有這種新的生活體會，然而佛陀仍未發現遠離生死輪迴之道。他下定決心非證得正覺不可，因此來到菩提伽耶（Bodh Gaya）小村的一棵菩提樹下禪定。菩提加耶即現今印度的比哈爾（Bihar）。他立誓，除非證悟或死去，否則絕不從菩提樹下的座位上起身。於西元前五二五年五月的一個月圓的夜晚，他終於證悟。當他起身時，他不再是釋迦悉達多‧喬達摩（Shakyas Siddhartha Gautama）王子，而是佛陀，證得正覺者。

經過多日禪定之後，佛陀因為憐憫受苦的人類，雖然他現在就能進入涅槃，但他決定在世間教導別人他所修得的洞察。佛經上提到，在接下來的四十五年裡，佛陀教導離苦之

佛陀的形象

今日我們想到佛陀就會想起已存在好幾世紀的許多佛陀雕像與繪畫。因此當我們知道情況並非始終如此時，難免驚訝。事實上早期佛教藝術並不包括佛陀的肖像。相反的，佛陀常以象徵方式呈現，也許是一隻大象、一個腳印、一把雨傘或其他形象。在那時期也沒有佛教寺廟，很多藝術史學家認為在西元前三〇〇年以後，佛教藝術才開始繪製真正的佛陀畫像。就在此時，印度的藝術家開始與希臘的藝術家接觸。這些藝術家慣於繪製栩栩如生的藝術作品。他們不僅畫世俗人，也畫眾神。佛陀早期雕像出現於印度西北部，也就是印度人與希臘人的世界交會接觸的地區，所以從這個觀點來看，這是非常有可能的。

早期佛陀肖像以完全真實的形態完成後，佛教藝術家即發展出他們自己想要表現的佛陀像。在一個基本上是文盲的社會，佛教藝術變成這些漂泊的弘法僧的得力工具。很快的，佛陀的雕像及畫像便成了典型的教導工具。每幅畫作都必須包括所謂的「三十三相」，這些外形的特色顯示佛陀與超自然的關係，及其卓越的精神發展。為了強調佛陀精神上的卓越性，在藝術作品上，他總是比其他肖像大好多。

即使佛教藝術定的準則滲透了整個佛教世界，當地的天才畫家仍然有很多自由揮灑的空間。因此當佛教遠傳時，新樣式的佛陀肖像也同時發展。例如，在泰國，佛陀的姿勢不是坐著，反而普遍可看到走路的佛陀像。這些線條纖柔的佛

陀雕像不會被誤認為其他肖像。同樣的，在中國、韓國及日本，佛陀像也演變得符合當地文化。我們印象中佛陀呈飽滿有份量的形象，就是從這些國家的風格來的。在斯里蘭卡佛陀像的風格則是寫實的，很多寺廟都有真實生活肖像的大實景圖，用來敘述佛陀生活的各種不同實況。

西藏觀世音菩薩的銅像，是一位具有無限慈悲心的千臂菩薩。

道，而且有許多弟子追隨他。他將這些弟子組織成僧團，稱為僧伽(Sangha)。僧團的制度可能是以耆那教徒為典範。佛陀制定一套複雜的戒律，叫做《律》(*Vinaya*)。僧團成員日常生活必須守戒律。佛陀也在一系列對門徒的說法中解釋他的教導。這些法讚被集結後則稱為《經》(*Sutras*)。

《律》與《經》以及《論》(*Abhidharma*)或稱阿毘達磨的哲學論述，組成佛教早期的聖典，就是《三藏》(*Tripitika*)。《經》及《律》的內容主要是以佛陀時代為核心。後來增添的部分和阿毘達磨文學的部分則是嘗試解釋某些經文，而且儘可能的去了解早期經文的義涵。早期的佛教，靠著僧侶記憶這些經文，並且一代接一代的傳給他們的學生，一直到佛陀大約逝世四百年後，他們才首次被記載下來。已經留傳下來的最古老版本是以巴利語寫成的**巴利經文**(Pali)。這種語言是佛陀時代或稍後在印度中部所使用的一種語言。

以普通人所使用的語言書寫，使得這些經文變得比婆羅門經文容易了解。因為婆羅門經文是用梵文寫的，而梵文是一種古老的雅利安人的語言，大部分的人不再講這種語言，很少人聽得懂這種語言。無可置疑的，通俗語言的使用是佛教迅速傳遍北印度的因素之一，此時大約時西元前四八〇年，佛陀八十歲去世之前。這種強調以通俗語言溝通佛教重要觀念的做法，仍是佛教的一個重要特色。當佛教開始傳遍亞洲時，佛教僧侶首先做的事情就是把經文譯為人們可以了解的語言。

■ **佛教徒之路**

佛陀分析人類處境時，皆是以**三法印**(Three Mark of

Existence）爲基礎。第一個法印是**無常**（anitya），它是人存在本質的特性與整個佛教系統的基礎。佛陀說，每件事物都是存於一種變遷的狀態。物質世界中，沒有一物是永恆的。有些事也許給人永恆的印象，然而那只是一種幻象。如果給予充足的時間，我們可以看見每一件事物，山、海、天空，尤其是人類，都會改變，並且會死亡或消失。這些都是無常的。第二個法印就是**不滿足**（duhkha，此字意爲苦）。不滿足的苦源於無常。佛陀認爲，非永恆的事物都是令人不滿足的。將人的信任置於任何一件物質上是無意義且註定要失敗的。第三個法印也是由第一個衍生而來，那就是**無我**（anat-man）的觀念。佛陀說人類並沒有永恆的自我（atman）。對佛陀而言，人類是由一群不斷移動的物質及精神分子組成的。因此，由佛陀的觀點看來，談論人類永恆的核心會在人死後留存下來的想法，很明顯是錯誤的。某些特性可能由一個人的一世帶到另一世，但他的人格本身絕不可能如此。此外，世上所有外表看起來具體的現象都是不斷變化的因素產生的結果。佛教徒稱這種現象爲**緣起**（pratitya-samutpada）。那就是說幾乎沒有一物是與以前的緣由無關，卻自行存在的。

然而佛陀由此對人類悲觀的了解中，指出一條遠離人類苦境之道。這個方法就是**四聖諦**（Four Noble Truths）。第一個就是苦聖諦，認識人生在本質上是不滿足的。第二是集聖諦，對俗世的不滿足乃源於無終止的**欲望**（trsna），這種欲望起於人類對實相的**無明**（avidya）。第三個是滅聖諦，它指出這不必然是全人類的命運，有一條道路可使人類不再受苦。最後一個是道聖諦，它指出停止被俗世束縛的方法有賴

八正道（Eightfold Path）。解脫之道有八：正見、正思惟、正語、正業、正命、正精進、正念及正定。整個佛教徒的解脫次第全都囊括於幾個簡單好記的步驟裡。

如果你更仔細的檢查以上八項，它可區分為三部分。第一部分即正見及正思惟，這跟一個人對實相的了解有關。為了能使他的解脫計畫奏效，佛陀了解修行者必須根本改變他們對俗世的觀感。這就是正見的目的。即是要人了解世界不是由物質所組成，所以行事不要以物質為依歸，要了解這個世界是一系列無終止的變化及相互影響的過程。八正道的第二個步驟是正思惟。當個人確定佛教對存在的分析是正確的，而且決定要追隨佛教徒的解脫計畫，那麼他就有了正思惟，也就是說，行事慈善，不傷害他人，並且實踐八正道的步驟。

接下來的三個八正道步驟是為了獲得洞察，並將這些洞察在俗世中付諸實行。正語就如同其字義所暗示的，是以適當的言語為基礎，然而它其實跟人之間互動的整個方式有關。因此一個人會謹守戒律不說謊、不誹謗，不在背後說人壞話，不說（或甚至不想）一句會令他人痛苦的話。這種不想傷害他人的意向也在八正道的下一步驟——正業中表現出來。所謂正業就是一個人不偷竊，不殺人，不從事不適當的性行為（僧侶與在家人各有不同的適用戒律），不使用興奮劑。一般來說，不做任何會去傷害或困擾他人的事。第五個是正命。它與正業有相當密切的關係。正命禁止人靠會造成傷害的方式謀生，例如販賣武器，出售毒品，當屠夫等等。八正道的第六個步驟相當簡單，就是正精進。佛陀不認為人不犯錯就可以得到最後的成功。相反的，一個人需要積極的

努力做善事並持之以恆地修道。

　　八正道的最後兩個步驟是正念及正定，正念是佛教與衆不同的修行方法，其中包括仔細觀察一個人的思想與行爲。一般而言，這種修持法僅限於出家衆。正念就是修觀，「當你在行走時，要知道你是在走路；當你坐下時，要知道你正坐下；當你呼吸時，要知道到你在呼吸」。這就是佛教徒努力要「證悟」的第一階段，也是八正道最後一個階段正定的基礎。

　　佛教的禪定又可以分爲兩種。第一種是**三摩地**（sammadhi），字面上的意思是「靜慮」，也就是說使心靜下來。一個人在修正念時，首先會觀察到心緒不斷的來來去去。我們的念頭忽而冒起，忽而流動飛閃，像是一團不斷攪動的漩渦。爲了更深切地透析實相的眞正本質，佛教徒認爲，要設法使思慮寧靜是第一要務。而這樣的修行目的是爲了達到三摩地（定）。這個過程的第二步，要修**毘婆舍那**（vipasana）或內觀。透過這種禪修法，才終能認淸實相的本質，而得以擺脫無止盡的輪迴。

3 佛教早期的歷史發展
The Early Historical Development of Buddhism

佛教在南亞的發展

早年的佛教如同大部分宗教並不爲人所周知。然而,有一件事是確定的,那就是佛教的僧伽安然渡過了佛陀肉身死亡後(parinirvana)的困難期。然而介於佛陀去世及約於西元前二五〇年佛教在歷史上復興的這段期間,無人確切知道佛教的發展情況。佛教的傳統堅信,佛陀去世後,他的弟子馬上舉行一個會議。這個會議的重點是要認定那些經文是佛陀所說的,藉此共識來確定佛教的經文。然而因爲各種不同的原因,顯然並沒有達成這樣的共識,不過對於佛陀的基本訓示大致達成了共識。這就是說,在某種程度上,得由個別佛教徒自行判讀何者爲眞正的佛教經文,而何者不是。

全部的佛教經文,導致後來佛教史上出現重大的分歧。佛教徒對佛教經文的解釋產生爭論,導致第二次遺教結集於

西元前三八〇年在吠舍離（Vaisali）召開。這次會議所要討論的問題是有關律（Vinaya）對寺廟規則的解釋。大眾部（Mahasanghikas）這一派較開放，對寺廟規則的解釋傾向從寬。他們相信一個在這輩子就已達到成就開悟的**阿羅漢**（arhant），仍可能受制於人類的無常及缺點。與他們對立的另一派叫做上座部（Sthaviras）或「長老」，其成員在佛教僧團內占大多數，他們對於行之有年的傳統寺廟規則的解釋則較為嚴格。由於無法解決他們的差異，這兩群人從此分道揚鑣。因此，在佛陀死後一百年，佛教開始分裂成許多不同的群體①。

整體來說，僧團內部的分裂對於佛教的擴展或對於佛教在印度不同種族間的持續盛行，似乎沒有特別的影響。後來佛教僧團因為寺廟規則的其他解釋而再分裂也沒有影響。最後，佛教在早期印度共分成十八個宗派（nikayas）。西元前二五〇年以前，佛教在印度的聲望相當高。一位印度的偉大統治者阿育王（Asoka Maurya，280-200BC）顯然大力支持佛教的僧團。他最為人稱道的是下令鐫刻一系列碑銘，藉以頒布佛教風格的行為準則。這些碑銘對於佛教如何影響印度人的生活及思想提供了最早的具體證據。

---

① 關於「分裂」或佛教稱「異端邪說」，我們必須要加以說明。分裂只能發生於僧侶階級，因為對於佛教徒，分裂是指僧侶對寺廟規則解釋的分歧。很自然地在家人是法定的無法成為分裂宗教者或異端邪說者，因為根據定義他們不在合法的組織內。就是這個理由，儘管宗教意識有它的影響力，而當統治階級相信一種佛教宗派，而僧侶卻相信另一種佛教宗派時，我們卻很少在佛教歷史上看到不同派別間大規模的戰爭。

西元前二四〇年，第三次遺敎結集在帕他里普雷（Patal-iputra）的首都摩揚（Mauryan）舉行。與會的佛敎僧侶整肅那些對他們的宗敎不虔誠，並且企圖再一次頒布公定佛敎經文版本但沒有成功的僧團。然而對於佛敎的未來更重要的是，作成決定致力擴展佛敎傳道工作到印度以外的地區。摩揚王國衰敗後，印度佛敎的影響力開始慢慢的式微。佛敎傳道工作依然成功的持續著，尤其在斯里蘭卡。西元前二〇〇年斯里蘭卡歷任國王定佛敎爲國敎。同樣地，很多後來的印度統治者也被佛敎所吸引。當中較爲著名的國王是迦膩色迦王（Kaniska），他是屬於入侵並定居於中亞的摩耳亞省及印度西北的一個遊牧民族。他在大約西元一〇〇年左右，召集第四次也是最後一次的遺敎結集。這次會議企圖推出公認的佛敎經文，但並未被現今的上座部佛敎所認可。

大衆部佛敎的興起

從西元前一〇〇年至西元二〇〇年間，我們看到了後來演變爲第二大佛敎派別的大衆部佛敎（Mahayana）。大衆部佛敎並非單一宗派的思想，而是自始即在佛敎內自成一派。早期就可看出大衆部佛敎的傾向，較明顯的是它強調佛陀講道集成的經藏比其他兩種律藏論藏重要。大衆部佛敎傳統確立的年代，最早的資料顯示是在西元前一〇〇年。

大衆部佛敎的思想主要有三種。第一種是 **空性**（sunyata）思想。空性思想是從初期佛敎之「無我」、「緣起」思想所推展而得。大衆部佛敎哲學家更進一步。他們說，無一物有自主的實在或永恆的本體。也許事物的外表看來是常住不變，然而經由禪定而獲得的智慧，我們可以發現

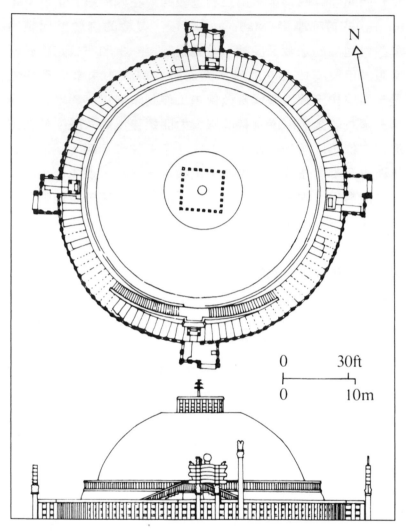

西元前三世紀及西元第一世紀間，偉大的史都・聖奇所設計。這是一個最有名的八萬四千個佛教徒墳塚存留下來的例子。人們認為那是阿育王所建立。它的四個門小心翼翼的指著指南針的針頭。

並非如此。這種智慧引領我們層層開悟。

第二種思想已成了大衆部佛教的中心思想，亦即相信佛陀的死只是一種幻象，佛陀仍不斷親近受苦的人類。根據大衆部佛教信徒的說法，佛陀死去的只是看得見的色身，他的微妙報身及法身仍居住在他方世界，爲少數特定的弟子提供諮詢。對這些佛教徒而言，佛陀仍活著並且能教導新的佛教眞理。因此，從西元前第一世紀以後，一種宣稱是佛陀親口所說的文學作品就在當時的佛教團體出現了。這種文學作品似乎大都是僧侶所寫，卻非常吸引在家佛教徒的注意。每部新經典，彼此並沒有關連，且在它們所源起的地理區域獨樹一格，卻都引起在家人的崇拜。

這些新經文的擁護者覺得他們自己是以直接的方式與佛陀接觸，不管是以經書爲媒介或以更直接的禪定或托夢爲途徑。他們似乎也認爲這些佛陀親口所說的新經書，比起過去供奉佛陀遺骸更具有尊崇的價值。

然而，對於佛教思想的發展有更深遠影響的則是**菩薩**（Bodhisaattva）思想。菩薩是已經獲得開悟的衆生，但是他們立誓要繼續重生於俗世，一直到全人類都獲得解救。很多佛教徒不滿意阿羅漢（arhant）的理想，只求自身解脫的獨自修行。他們以佛陀自己爲例，如果一個人的修行眞的有進步，他會對所有其他仍受生死輪迴折磨的衆生充滿慈悲心。爲了幫助受苦的衆生脫離苦海，這樣的人願意延遲他進入涅槃的時間。

因此佛教的重點微妙地從最初對自身的關注，開始轉變爲關注衆生。又因爲菩薩的心量超過一般人，所以他們擁有的力量和能力非常人可及。因此他們可對那些有求於他們的

菩薩所扮演的
成長角色

隨著大眾部佛教興起，菩薩的像愈來愈普遍，在那時很多佛教徒心中只有這些菩薩像，而淡忘了佛陀的像。這種發展並不令人訝異，因為佛陀被視為遙不可及的導師。雖然偉大且值得尊敬，卻無法像菩薩一般提供信徒協助。因為佛教徒常有世俗及心靈上的需求，而菩薩能提供此種需求，所以很多佛教徒十分看重菩薩。最早的菩薩是彌勒（Maitreya），人們認為他住在天界，隨時化身為下一位佛陀。他也是所有菩薩中唯一被大眾部佛教及上座部佛教所供奉的。

其他被大眾部佛教及金剛乘宗派所崇拜的菩薩中，最偉大的就是觀世音（Avalokitesvara），他有無限的慈悲心，總願意協助在凡世中受苦的人類。有關他的藝術造型很快地定了型。人們認為他有千眼，能了解世俗的煩惱、有千臂能紓解世人的煩惱。佛教傳入亞洲後，針對新的環境，菩薩的形象在藝術表現手法上有了改變，有時產生奇特的結果。以觀世音的個案來說，在中國他被供奉為觀音菩薩，但在藝術上卻將他繪成是女性。在東亞中國文化影響的地區，千手千眼觀世音是女性已經定了型。

但觀世音並非是虔誠的佛教徒供奉的唯一菩薩。另外一個重要的菩薩是文殊師利。這位菩薩被認為是透過禪定獲得至高智慧的具現，因此佛教寺廟中經常供奉他。文殊師利是堅毅的人，持有配劍用以斬斷謬見的死結，他兇猛的容貌持

續提醒人們菩提之道的困難。

　　有些菩薩是純本土崇拜的。日本人對地藏王(Jizo)的崇拜就是一個好例子。人們認為地藏王發願要救佛教徒遠離地獄的折磨。他尤其被供奉為孩童的救星，這個菩薩的雕像常被置於孩童的墳上。

西元一世紀早期印度的卡特拉佛陀。

人，提供精神上及物質上的協助。因此，隨著佛教拓展於印度本土之外，像是千手千眼觀世音，文殊師利與彌勒等菩薩，被很多民眾當作神敬拜，也就不足為奇了。

　　剛開始，那些追隨新的大眾部佛教理念的人是佛教團體中的少數人，他們的外在行為與非大眾部佛教徒沒有明顯的不同。只是到了後來，可能當復興的印度教開始吸走他們在印度的信眾時，彼此為了爭取日益減少的宗教資源，仇恨也因此在這兩個佛教團體之間出現。無論如何，大眾部佛教從未在印度占有重要地位。它真正的成功是隨著佛教傳入東亞後，在印度以外其他地區大放異彩。

佛教徒的使命及佛教傳入東亞

　　佛教大約是在西元年初期經由貿易開始傳入中國。一般認為，藉由中亞商人的媒介，這個新宗教首次滲透到東部古文明區域。中亞是自阿育王時代就深受佛教影響的地區。然而，大約在相同的時間還有一個同樣重要的佛教文化流傳路線是沿著海路到東南亞，再從東南亞傳入中國南部。可是不論是從那一條路線所傳入的佛教，一開始都未對中國產生大的影響。

　　中國人頗以當時的本土思想如道教及儒教自滿，他們甚至有點排斥佛教強調的出家與獨身。這些觀念違反中國人的理念。到了西元第二世紀，原本穩定的中國政治及社會制度開始瓦解時，這一切就改變了。西元一四八年，一位弘揚佛教的人——安世高（An Shih-kao）率先將佛教經文翻譯成中文。這些翻譯並不太好，因為他們需要用中文來創造佛教的名詞。起初採用道教的術語來表達佛教的思想。這種做法使

得道教及佛教思想在中國人心中產生某種程度的混淆。佛教傳入中國的早期，最先被譯成中文的是一些短篇實用性經文及禪思手冊，而非長篇的哲學論典。

西元二二〇年漢朝滅亡後，中國進入一個政治不統一，社會瓦解的時代。這個時代延至西元五八九年隋朝建立才結束。儘管中國歷代仍設法在華北維持一個立足點，事實上中國的運勢已經開始衰微了。西元三一一年，蠻族勢力由中亞大草原橫掃中國，剷除了中國人在中國北方將近三百年的政治統治權。這種政治運勢的變化導致北方的官員及有學識的僧侶南遷，終至定居南京附近的建康，在此協助東晉朝建立，並開始在當地知識圈扮演舉足輕重的角色。由於這些知識分子及宗教領袖的融合，佛教首次發展出「格義佛教」。

格義佛教強調佛學及中國學，並且耽溺於哲思的討論及基於佛道思想綜合的文學活動。佛教也在新崛起的北蠻統治下蓬勃發展。不管怎麼說，到了此時，佛教已朝不同方向發展。在北方，佛教成了異族統治者刻意建立與維護的國教。這裏的僧侶經常在國務方面扮演政治及宗教的雙重角色，對政治及軍事事務也相當精通。

華北的農民對於佛教的實用性有相當不同的看法。這是因為他們認為接受佛教成為僧侶可免除納稅及徵召服勞役。此外，中國北方的佛教在儀式上有不同的發展，允許農民參與，像是對寺廟做捐獻，朝聖及向各種不同的菩薩祈求。就是從這時開始，中國佛教發展出兩個迥然不同層次的宗教。在南方的是哲學的、冥思的佛教，中上階層人們以一種較為悠閒的態度追求。而在北方，則發展出較為注重儀式的佛教，它著重於超自然的援助及干預，頗能吸引農民。

西元六〇〇年初期，隨著唐朝的建立，佛教在中國進入它的黃金時代。唐代早期的皇帝推展佛教不遺餘力，而且派佛教僧侶前往印度取經並加以翻譯。因此在中國佛教歷史上有名的人物，像玄奘（596-664）便萬里迢迢經陸路抵達印度，此外義淨（I-Tsing）也於西元六七一年搭乘波斯商船離開廣州，為中國佛教注入新生命。隨著這些令人振奮的新哲學理念的發展，新的佛經翻譯作品也跟著出籠。

在這些新的演變中有很多發展是相當中國化的。新的佛教哲學學派中有四個最為重要：天台宗、華嚴宗、禪宗及淨土宗。儘管這些宗派對於佛教的釋義，在基本教義上都有相同的看法，但他們對於這些教義的了解卻因大眾部的觀點及中國本土哲學的影響而有所不同。天台宗似乎約於西元五五〇年創立。它的命名來自慧思（515-67）所創立的山上寺院。這個教派主要的經典是《法華經》（*Lotus Sutra*），對禪定及教義分析同樣的重視。天台宗發展出一套相當複雜的哲學系統，目的在統合佛教各派哲思，以期達到和諧的完整。再由此系統發展出相當精巧複雜的禪定系統。

華嚴宗（約650-750）主要是以哲學的分析為主。華嚴宗從緣起的概念開始探討，堅信所有的現象皆是相互關聯並且相互貫穿的。由於這種信念，華嚴宗發展出一套極為複雜的形上學系統，對於追隨其後之宗派的哲學發展有極深的影響。

禪宗與我們剛討論過的那些注重哲學的宗派有略為不同的發展方向。禪宗認為佛教的重心不在於哲思或經文研究，而是直接體驗實相。唯有透過嚴格的禪修，才可能達到這個目標。禪宗僧侶必須雲遊行腳各地，靠化緣及勞役自力更

生，不能像老一輩的寺廟僧團仰賴大片的寺田生活。

淨土宗的發展也具有同樣的重要性。這個或這些淨土宗派的依據是佛教經典《淨土經》（*Pure Land Sutras*）。他們主張人類自身的努力不足以達到解脫，因為現世具有墮落的本質。因此，懇求居住在另一宇宙（即淨土）的菩薩或佛超自然的協助是必需的。這些淨土不像我們的世界，因為佛陀逝世而墮落。這些佛，尤其是阿彌陀佛（Buddha Amida），被視為深具悲憫心，只要懇求者以十分虔誠的信心呼叫他們的名字，他們會讓懇求者重生於淨土直至涅槃。因為淨土宗不需長期的禪修，全看個人虔誠的行為，故較適合農民，甚於著重禪定及哲理的中上階層人士。

自力解脫的禪宗及廣為人所喜愛的淨土宗都在後來受益。儘管唐朝早期皇帝支持佛教，但後期皇帝卻反對佛教。反對的理由很多，其中之一就是唐朝皇帝相信他們是道教始祖老子的後代，所以他們愈來愈喜愛道家。另一個理由是，很多出家為僧的人，其動機並非出自虔誠的宗教信仰，而是要僧團所得的名聞利養，並且仍過著世俗生活，這使得他們所護持的宗教名譽掃地。唐朝後期對佛教的鎮壓，最重要的原因也許與資產有關連。

很多人相信如果他們捐獻物品及土地給各個佛教寺院，會為他們的來生帶來好運。既然佛教僧團獲享免稅，這些捐獻的資產和有關的歲收政府一毛錢也收不到。稅收的流失使得政府無法發揮它應有的功能。西元八四五年，一位深受儒家影響的官員懇求皇帝鎮壓佛教寺院，整肅無用的僧侶。政府迅速地解散寺院。對於一些基本上是以寺院為主的佛教宗派，真是一大災難。但對禪宗及淨土宗則沒有影響。農民繼

續支持這兩種佛教。然而中國佛教的黃金時代就此一去不回。此後，佛教在中國進入一個緩慢衰微的時期。雖然偏遠的地區依然盛行佛教，但越趨於神奇事蹟而越少涉及解脫之道。

佛教在日本及朝鮮的起源

中國佛教的聲譽達到巔峰時，開始對外弘揚佛教。唐朝無庸置疑是世界文明的中心，吸引了東亞其他國家。結果，日本的使者及朝鮮(今韓國)歷代的特使絡繹不絕地搭船前來中國首都長安。他們從長安回到他們的國家，載回的不只是中國的藝術和技術，還有一些革新的宗教觀念。這並不是說，第八世紀以前，佛教不曾影響日本、韓國的文化。有一個很顯著的證據可以證明佛教曾經以某種方式在西元二、三世紀時傳入朝鮮半島。的確，佛教就是在西元第五世紀初葉由朝鮮傳到日本。然而在唐朝形成的新佛教傳統，到了日本及朝鮮更發揚光大，終而變成這兩國家普及全國的宗教。

當時在朝鮮及日本正經歷重大的政治變革。政府組織由地方群雄割據轉變為中央集權。在朝鮮有三個王國，百濟(Paekche)、高麗(Koguryo)和新羅(Silla)。為了得到朝鮮半島的控制權，正展開殊死戰。結果在西元六八八年，新羅獲勝。這個新政府想要綜合佛教各家學派為一個政府能夠控制的單一團體。經歷這段期間的調整，朝鮮的佛教思想家創造了一些創新的哲學思想。由於受到新羅及其繼承者的極力支持，佛教勢力非常興盛，直到十三世紀為止。最後，朝鮮形式的禪宗逐漸取得掌控的地位。然而其他學派如新儒家思想(Neo-Confucianism)等也開始興盛，並且獲得國家的支

持。此外，加上頻繁的外來侵略及自然災害，導致佛教的聲譽一蹶不振，直到二十世紀。

類似的發展也發生在日本。剛開始日本人並不喜歡佛教，他們認為佛教的輸入是不必要的。然而很快地，佛教在日本生了根。日本天皇及他的朝臣一開始對於佛教教義的精緻觀點並不感興趣，他們從比較迷信的觀點來了解佛教。他們認為與他們自己的神道神祇相比，佛教儀式能提供他們本土更多的保護及免於自然災害和邪靈的危害。直到西元第八世紀末期，二位偉大的改革者從中國回到日本並帶回了解佛教的新途徑，佛教才開始被視為宗教而非法術。這兩位改革家一位是最澄（Saicho，767-822），另一位是空海（Kukai，774-835）。最澄創立了天台宗，而空海創立真言宗（Tantric Shingon）。直到後來，一般人才開始為淨土宗所吸引。教導人們淨土宗的是法然上人（Honen Shonin，1133-1212）及他的弟子親鸞（Shinran，1173-1262）。

西元十三世紀前，日本佛教還發生了其他的變化。改革者日蓮（Nichiren，1222-82）開始傳授一種極端民族主義的佛教，讓日本成為佛教的真正精神之家。同時，隨著日本更耽溺於內戰，新崛起的戰士階級開始擁護禪宗的嚴格教條，認為對他們這種危險的不安定的生活最為合適。因此，佛教在日本逐漸變成與愛國主義及民族尊嚴聯結在一起。這種觀念對二十世紀的日本有很重大的影響。

西藏和金剛乘佛教的發展

金剛乘佛教的發展與西藏這個國家的發展有密切的關係。其實，有人住在西藏，已夠稱奇的了，更何況西藏民族

達到了繁榮昌盛的地步。在一個地勢高，多岩石，乾燥又荒涼的地區，西藏少有自然資源可以吸引人類居住。它也不占特別的戰略地理位置，雖然如此，從早期，它就是遊牧民族的家。約在西元六〇〇年間，位於西藏中央的拉薩（Lhasa）興起了好幾位統治者，將整個西藏平原納入其統治之下，其中第一位且是最重要的一位是松贊干布（Songtsen Gampo，609-49）。他為了鞏固權勢並改善對外的關係，分別與兩位女人結婚。一位是從南邊的尼泊爾來的，另一位是從北邊的中國來的。這兩位妻子都是佛教徒，無庸置疑，這對西藏佛教的擴展有所貢獻。然而比這個更重要的是，西藏變得更團結了。拉薩的統治者發現他們原有的宗教苯教（Bon-po）無法像佛教一樣對他們的政治野心提供相同程度的貢獻。

此外，這是西藏首次把眼光投向國外。在松贊干布統治時期，他曾派遣多位特使至印度，在那裡他們將梵文經典改寫成藏文（這個功勞可不小，因為梵文經文是用拼音的，而藏文則類似中文是聲調的語言）。無庸置疑的，富有進取心的佛教弘法志士從另一個方向通過喜馬拉雅山脈的隘口來到，也從中國越過東方的山脈前來西藏。

最早的志士抵達西藏的時間是個謎。然而根據傳說，佛教在西藏建立，歸功於一位特別的聖人——蓮華生大士（Padmasambhava）。一般認為在西元七世紀間抵達西藏。早期傳奇故事將他形容為擁有可畏神力的超人。他經由嚴厲的苦行、祕密儀式及長時間的禪修而獲得這些神奇的力量。據說他征服了險惡的山神，並且負責建立在松贊干布統治時期位於拉薩的第一座佛教寺廟——大昭寺（Jokhang）。

提供佛教傳達西藏的明顯證據就是印度佛教上師寂護

（Shantarakshita）僧團的記事。西藏另一偉大的宗教統治者，墀松德贊（Trisong Detsen，704-97），這位印度密教大師在西藏建立了另一個偉大的早期寺廟桑耶寺（Samye）。西藏佛教於西元七九二至七九四年間，就已決定其方向了。我們稱這段期間爲大論辯時期。也就是印度怛特羅（密教）的代表達蓮華戒（Kamalasila）及中國大眾部禪宗僧侶大眾部和尚的辯論。經過這些辯論，西藏的佛教被定位爲印度式的佛教，尤其是它的怛特羅形式。也就是從這段期間開始，西藏人開始耗費巨資求取印度佛經並將其譯爲藏文。很多在印度失傳的佛經，我們仍能在藏文的譯本中發現，這也是他們成功之處。

　　然而西藏佛教的發展並非都是一帆風順的。最後一位西藏偉大宗教統治者，熱巴巾（Ralpachen，805-38)是一位弱勢的統治者，後來死於其兄朗達瑪（Langdarma）之手。這位新王對佛教不友善，企圖剷除西藏的佛教。儘管他只有短短四年統治期，並於西元八四二年被一位佛教僧侶所謀殺。但有二件事是因爲他的統治而終止的：第一次佛教傳入，即前弘期至此宣告終止，及在家爲王的統治期結束。這爲西藏帶來了一百五十年的黑暗時期。

　　黑暗時期約於西元一○○○年間結束。第二次佛教傳入西藏，即西藏佛教後弘期始於西藏西部而非中部。阿底峽（Atisha，982-1054)，先抵達西藏西部再到中部，並從印度超岩寺（Vikramashila）大學帶來新的教導。同樣地在西藏東部，像卓瑪（Drogma）和瑪爾巴（Marpa，1012-96)的西藏人，歷盡艱辛地來到印度大平原，爲的是要找尋能啓發他們的老師，進而習得最新的佛教趨勢。由於這種新觀念的輪

入，西藏人對於佛教修行有嶄新的興趣。西藏佛教的主要宗派也從這個時期開始記錄他們的建立發展過程。

這些宗派中最古老的是寧瑪巴派（Nyingmapa）或稱「舊派」（Old Ones）他們相信他們的起源早於佛教的第二次建立，約於西元十一世紀早期。寧瑪巴宗派不像西藏佛教的其他宗派，他們允許僧侶結婚生子。他們的組織相當鬆散，重視個人特色與像占卜、農業儀式及驅邪等當地主題。

第二個古老的藏佛宗派是空丘嘉波（KonchogGyalpo，1034-1102）所創立的薩迦派（Sakya）。這個宗派的命名是以它的主要寺廟在西藏中南部的薩迦而定的。它特別為人所知的是它的教導系統，即道果（Lamdre）系統（它技巧地將怛特羅經文及正統佛經的研究融會貫通）。它的主要經文是《喜金剛密續》（Hevajra Tantra）。這個宗派迅速開始影響世俗及精神生活。當它的一位重要僧侶成為中國元朝忽必烈（Kublai Khan）的國師時，忽必烈賜與他西藏整個國家的俗世統治權，西藏成了元朝版圖中的一個省。從此開始了西藏漫長的由佛教僧侶統治的傳統。這個傳統持續至西元一九五一年才結束。

噶舉派（Kagyu）的源頭，可追溯到瑪爾巴和他有名的學生密勒日巴（Milarepa，1052-1135）。這二位老師都以他們的神奇造詣聞名，密勒日巴更是西藏最有名的詩人。噶舉派是第一個建立**轉世活佛**（Tulku）概念的宗派，轉世活佛是一位高僧，通常他是某一宗派的創立者，他一次又一次的輪迴，為的是要繼續他的職責，領導他的弟子。噶舉派是最早認知到佛教弘揚至歐美的潛力的一個宗派。很多有名的現代藏僧像丘揚創巴（Chogyam Trungpa）及丘傑阿貢（Chuje

Akong）都屬於這一支。

然而在所有的西藏宗派中，最有名的是格魯巴派（Gel-ugpa）或被稱黃教的達賴喇嘛。宗喀巴（Tsongkhapa，1357-1419)於西元十五世紀初推動改革而建立的。格魯巴宗派在短期間內變成西藏佛教地位卓越的一個宗派，而宗喀巴的門徒根敦珠（Gendun-drup，1391-1474)是這個門派被稱為達賴喇嘛的第一代祖師。他的繼承者被視為他本人的再度化身及觀世音的化身。西元一六四二年，第五世達賴喇嘛被指定為整個西藏的統治者，這個傳統從此延續至西元一九五九年，直到中國將現任的第十四世達賴喇嘛驅離西藏為止。

印度佛教的衰微

西藏怛特羅金剛乘佛教代表佛教在其家鄉印度的最後一次主要發展。當印度教再度興起，勢力日益茁壯，佛教愈來愈處於守勢。西元六〇〇年以前，對於濕婆（Shiva）及毘師孥（Vishnu）神祇的崇拜開始替代眾多的佛教宗派。這種情形在印度的南部地區最為明顯。西元六〇〇年以前，佛教在印度南方就已是一個高度受到關心的傳統宗教，獲得印度東南方的卡拉布拉（Kalabhra）統治者熱切的保護。然而到了西元八〇〇年，佛教卻在印度南部完全消蹤匿跡。

不管怎麼說，佛教在印度東北部有過許多龐大興隆的寺院大學，這些寺院大學一次可收容培育好幾百個僧侶。像義淨及玄奘等來自中國的遊學僧曾提及，這些寺院大學吸引了來自南亞及東亞的學生。遙遠國度的王室送來了值錢的禮物，專供維護這些大學之用。密教就是在這裡演進，並從這裡，傳到西藏及其他地區。在很多方面，寺院大學的佛教已

經有明顯改變，不再是佛陀解說的那種苦修信仰。現在它旣有複雜的禮儀，也有高度發展的精緻哲學，還有一套不斷擴展的經文典章。整體來說，佛教在印度的地位持續輸給了印度教。理由不甚清楚，但有幾個因素卻是很明顯的。

西元七〇〇年以後的印度是一個政局相當不穩定的時代。隨著笈多（Gupta）王朝在西元四五〇年以後的式微及其繼承國家的衰退，印度進入一個四分五裂的戰國時代。這就是說，無法避免的，老百姓的生活愈來愈困難了，他們整體生活水準下降了，因爲戰爭連年，帶來大量的破壞，導致人們必須付較高的稅。此時造成了兩種結果。首先，他們能捐獻給宗教的財物比在繁華時期能捐獻的大量減少。然而也許比這個更重要的是，他們現在要尋求的是即時的宗教安慰，而不再有興趣於長遠的生死輪迴問題。他們想要一種能夠提供他們即時的實質效果的宗教。這就是說，當農民轉變他們的宗教忠誠改信印度教的衆神時，農民對佛教徒的捐獻開始減少了（雖然不是完全沒有捐獻）。即使是這樣，佛教仍繼續苟延殘喘。最後導致佛教消聲匿跡的是回教的入侵。這些入侵者橫掃過西北地區，爲的是要殲滅偶像崇拜及飽足私囊。這些接受大量財產捐贈的佛教機構正合這些入侵者的意。在西元一〇〇〇至一二〇〇年間，一波接一波的回教入侵者強奪劫掠了這些佛教在印度的最後島嶼。逃過大屠殺的少數僧侶移居至對他們較爲友善之地。佛教的石碑及寺院或被回教徒及印度教徒接收使用，或遭銷毀，或因無人理會而隱沒於叢林中。直到大約六百年後，英國人來到，這些廢墟才重見天日，又過了一五〇年，佛教才再度在印度振興成爲一個生氣勃勃的宗教。

4 現代的佛教：
殊途同歸
Modern Buddhism:
Many Paths, One Goal

共同的遺產

正如我們所看到的，佛教不僅在其發源地流傳與發展，也在其他許多地區廣揚。為什麼佛教對許多不同的文化可以展現如此的吸引力呢？佛教如同其他宗教，宣稱擁有達到人類的最珍貴目標——永恆的平安——的方法。佛教與其他宗教不同之處在於它有很多替代方式讓人完成這個目標，每種方法皆適合不同的個人氣質及情境。在第二章裡我們提到佛教在早期就已發展出一種相當複雜的世界觀。這種世界觀的核心就是後來西方哲學家界定的憂懼（angst），也就是這種模模糊糊的不安與跟現世分離的感覺，佛教徒說，這種人類與生俱來的存在元素是生命中無法避免的一部分，乃由於生命本質的不穩定而產生。

這種宇宙具不穩定性的概念使人聯想到現代物理學。古代佛教哲學家並不認為這個世界是穩定的、物質的、實體

的，而是像因為相互作用的力量呈不斷變動的雲一般。佛教徒對存在之令人不滿且不穩定的本質所做的分析，是整個人生方式的基礎。而這個人生方式不僅是以佛教徒對實相本性的了解為基礎，而且還以他們對人類命運及影響命運之諸多因素的了解為基礎。對佛教徒而言，人類的存在並非是一趟出生至死亡的短暫旅行，而是在時空（佛教徒相信宇宙中存在著無數的世界）中的無盡延伸，而人類只能期望在這個世界或其他世界無止盡的投胎重生。

決定這些世代生命的力量是業。業是因果關係的鐵律，「善有善報，惡有惡報」。換句話說，一切都是自作自受。就最深層的意義而言，人類只能靠自己，拯救人免於生死輪迴的超自然力量是不存在的。導師只能指點一個人該走的方向。個人在物質世界的成功無法買到自己的出路。只有一件事可紓解這種淒涼的景象，此即藉由佛陀已發現的一條通往涅槃的出路。然而，不同佛教教派，為了要適應不同的環境，對於這個基本的佛教訓示，作了不同的詮釋。

上座部佛教：修行生活及種福田

在現有眾多佛教宗派當中，教義最接近佛陀創立的佛教是上座部佛教。上座部佛教現在僅存於斯里蘭卡、緬甸、泰國、寮國及高棉。這一派堅守最古老的佛教經典——巴利語佛典（Pali Canon）。假如我們想要尋求一個簡單的詞句來總結上座部佛教修行的哲學，那就是自力解脫。佛陀證道的體驗，最主要的就是體認到唯有靠個人努力才可以擺脫生死輪迴。沒有神可以救你，也沒有師父能向你展現真理。只有經由個人的努力，才能了解實相，從而破除生死輪迴。因此，

廣義來說，拯救必須經由身心鍛練才能獲致。

　　佛陀認為利用這一世人身難得的機會，努力修證覺悟是最重要的。因為這是一項非常艱難的志業，專業的修行人必須全力以赴。佛陀開始傳道所做的第一件事是建立一套規則，要求熱切追求覺悟者切實遵循。這些規則我們稱之為毘奈耶（Vinaya）或稱戒律（Discipline）。它包含括弟子日常生活各方面的事宜。現代佛教僧侶仍依此架構過他們的一生。這些戒律列出那些食物是僧侶可食，何時可食，穿什麼衣服，可以與何人有親密關係及其它很多生活上大大小小的事情。遵行這些戒律的男人稱為比丘（bihikkhus），女人則稱比丘尼（bhikkhunis）。他們彼此集體組成佛教僧團，是佛陀教導的具現。

　　因此，很自然地，僧團中的比丘及比丘尼在早期佛教社會中產生很大的影響力。當佛教其他宗派的改變導致僧伽的影響力變小時，上座部佛教仍給予僧侶非常顯赫的社會地位。這是令人有點訝異的，因為事實上，僧侶與在家人少有真正的互動。然而，隨著佛教的成長，這種情勢也略有改變。有些叢林僧侶繼續持有傳統佛教寺院的理想，不與在家同住。另有一些僧侶，事實上就是現在大部分的僧侶，我們稱他們為村落僧侶。他們住在村鎮的外圍，權充學校老師及當地在家人的佛教顧問。這些僧侶為在家人服務。

　　上座部佛教不像其他宗教或其他的佛教宗派，他們為在家人舉行的宗教儀式特別嚴格。居士團體每逢陰曆初一及十五的日子都要聚會。一般而言，會有一名僧侶參與這個聚會。居士團體公開地誦念三皈依（Three Refuges）及接受五戒（Five Precepts），重申他們對佛教徒生活方式的忠貞。然

成爲僧侶

在某些上座部佛教的國家，一個人祇要選擇繼續留在僧團，就可以成爲僧侶。而在其他國家裡，隨時都可以決定出家(或至少被認爲是這樣)。不管是那一種，要成爲僧侶必須經過兩個階段。第一個過程是出家(pabbajja)。爲效法佛陀放棄家庭生活，心懷抱負的

僧侶，脫離家庭生活加入僧團成爲「僧伽」的一員。出家的年齡並沒有限制。父母通常決定讓一個兒子在年幼時成爲僧侶。這樣做有兩個好處。第一個好處是這位新僧侶的家庭可以獲得福報。第二個好處是僧侶他們自己受益。在過去，出家通常是唯一有機會受教育的途徑，而教育程度高的人才會有機會在政府高階層工作。甚至今日，許多父母爲了讓兒子受教育，而讓他們成爲僧侶。

出家的儀式本身是相當簡單的。通常在參考有意出家者的命理後便可決定在某個時間舉行剃度。此外，年幼見習生的狀況也要對眾神及當地神祇稟告。有意出家者必須剃髮及接受淨身儀式。接著，接受三皈依（Three Refuges），並領受一套袈裟及其他僧侶日常生活的必需品。現在他已是僧團中的一位正式成員。從這一天開始，他在僧團中的年資開始計算。接下來的期間是在一位年長僧侶的監督下學習，經過幾年的訓練，在二十歲生日以前，這位見習生可以要求接受成爲僧侶的第二個階段程序。那就是受具足戒（upasam-pada）的儀式。這個儀式意謂著見習生從此完全被僧伽所接納。之後，這位僧侶可成爲年幼僧侶的教師，他也可以成爲寺院管理的一員。如果僧侶一定要選擇離開僧團。他隨時可以離去，不需舉行任何正式的儀式。

在泰國曼谷的一所佛教學校，年幼的實習僧侶正在上課。

後大家聆聽這位僧侶說法，這種傳道相當正式而非隨興的。接著是做短暫的禪修，季節性的節慶特性大致與這種聚會相似，而且以佛陀一生的大事件爲重心。

從某個觀點看來，這似乎沒有太多宗教的本質，然而這是由於某種錯誤造成的。這種錯誤源自大眾對宗教功能的誤解，他們認爲宗教對社會不同群體都是合適的。對於上座部佛教徒而言，像禪定這樣的修持，一般而言是專爲僧侶而設的，並不屬於在家人的活動。這些在家居士相信洞察力的培養，是全時的工作，並非一個人在現代這種混亂的世界中可輕易完成的，因此假如一個人想要從事這種訓練，他必須要完全奉獻他自己並且效法佛陀出家修行。這麼做的人可獲得很多福報，因此也可以獲得最深的敬意。今天在上座部佛教國家裡，不難看到公車上年長的婦人們讓位給年幼的僧侶。僧侶們棄絕俗世生活，卻反在俗世中提升了社會地位。

爲了要了解這個現象，我們需要了解在上座部國度裡居士佛教的本質。當然在家人永遠可以成爲僧侶①，然而大部分的人選擇留在他們生下來的環境內。但這並不是說，他們缺乏宗教情感，也不是他們不參與傳統，而是他們遵循爲俗人敞開的道路——**功德之路**（punya）。本質上，僧伽及居士佛教徒是一體的兩面。僧侶需要在家居士提供他們食物、衣著和其它生活必需品。另一方面，在家居士需要僧侶的道德

---

① 今日上座部佛教國家看不到比丘尼，反映的是歷史意外，而非蓄意的性別差別待遇結果。的確，在上座部佛教國家，婦女依然扮演一個非常有力的宗教角色，只不過這些角色是非正式的罷了。其實，上座部佛教國家已開始出現重新建立比丘尼制度的運動。在大眾部佛教與金剛乘佛教中，至今依然有比丘尼。

榜樣並藉供養他們獲得福報。然而獲得這種福報的重點是什麼呢？

我們再回到業及投胎的問題。假如人知道他會投胎轉世，而且知道他想往生之處是依據他的善行而定，他一定會謹慎地儘可能的累積許多善業。在上座部佛教的文化裡，經由**布施**(dana)可以達成善業的累積。如果接受者是僧侶，則做這種布施是最有效的。演變成這樣一種共生的宗教關係，對雙方都有益。再者，功德也有其他的用途。

雖然上座部佛教信徒並不相信眾神能帶領他們至終極的解脫，他們仍認為眾神有他們的用處。當一個人希望在農作物、疾病、愛情諸如此類事情上獲得協助時，請示佛陀及佛教僧侶，並沒有效用，因為這些世俗的問題不是他們所關心的。眾神可以幫忙，但他們必須透過功德的轉移，才能達成。由於佛教徒不認為眾神是不朽的，只是非常的長壽，他們相信眾神可以如祂們所願的重生。果真如此，假如眾神想要重生於好的環境，他們也需要積功德。然而由於種種原因，雖生而為神卻無法做功德。因此，眾神要依賴人類轉移功德給他們才有可能獲得。因此上座部佛教徒喜歡做功德，有其世俗的考量。

僧侶特別強調禪定，這意味著他們的時間大多與一般修行人分開。但是情況並非總是如此。每逢重要的佛教節日，僧伽與在家居士團體是互動的。一般而言，佛教的節慶與佛陀的一生大事息息相關。此外，由於這些節慶是在農業社會發展出來的，因此多半跟耕種與收成有關。至於其他的節慶，像新年元旦，則因不同的社會型態而有所不同。

在上座部國度裡，初一及十五每隔兩週舉行一次例行宗

教儀式。這些稱爲布薩日（poya），相當於歐美的禮拜天。在家居士在這些日子裡遵行五戒：不說謊、不殺生、不偷竊、不邪淫、不喝酒或不吸毒品。白天他們聽法，做一點禪修。這就特定月份的布薩節日裡，居士佛教徒所遵循的一般宗教型態。在非上座部國度裡，他們是不舉行布薩日。

對上座部佛教徒而言，每年最重要的慶祝活動是五月十五日，也就是衆所周知的衛塞節（Wesak）。衆人相信佛陀的出生、覺悟及死亡都是在這一天（儘管年份不同）。另一個重要的節日是六月的滿月。從此有長達三個月的雨季結夏安居期（有時稱爲佛教齋戒期）。於結夏安居期間，僧侶隱居以做較密集的禪修，在家居士也嘗試全力執行更嚴格的佛教法規。結夏安居期在卡堤那日（Kathina）結束。在教居士在結夏安居期結束日爲僧侶帶來新的袈裟及其他生活必需品。

有些節日只有在某些地區才過。例如，伯勝節（Poson）是在慶祝西元前第二世紀佛教教義傳入斯里蘭卡後才舉行的。同樣的，耶薩拉節（Esala）也只有在斯里蘭卡才有。在康地舉行的耶薩拉·匹雷阿拉節（Esala Perihara）有盛大的遊行，在這一天會展示佛陀遺物佛牙給大衆。在另外一些上座部佛教國度裡，他們也慶祝其他本土節日，儘管這些節日是嚴肅的大日子，但其活動卻兼具娛樂性質。

禪：虛空之道

禪宗不管在地理位置上或意識形態上都與上座部佛教截然不同。它的發源地在印度，但是直到它傳入中國，接著傳入韓國及日本後，才得以完全發展。禪宗剛開始發展的途徑與大部分佛教宗派不同。這些宗派大多聚集於寺院，經過幾

世紀後，這些寺院獲得越來越多的財富。因此，僧侶發現他們自己居於奇特的地位。以個別僧侶而言，他們就如同佛陀早期的追隨者一樣的貧窮。然而，整體而言，佛教寺院富有的程度遠超過他們的夢想。逐漸地，他們用這些財富與建巨大的建築，講究精緻的裝飾及堂皇的擺設。當外人對此留下深刻印象時，有些僧侶逐漸感覺到，這種矯飾很不利於他們擺脫生死輪迴。這種新思潮影響了禪宗的發展及方向。

以哲學的角度來看，禪的精髓在於相信全人類都已經覺悟。只是人們不知道罷了。因此，禪的宗旨是要喚醒人們的自性。這不能由書本的學習而得，也不能由知性活動獲致，必須經由禪修來達成。禪定是用來克服理性的二元論的心智活動，並引導修行者進入全人類共享的存在的一統領域。有二個方法可以達成這個目標。曹洞宗的修行者「只管打坐」，因為他們相信只要聚精會神就已足以引領人開悟。就臨濟宗而言，過程就有點複雜。這一派利用簡短而吊詭的公案問題，做為喚醒個人擺脫二元思考的手段。有些公案甚至在一些非佛教傳統的地區都相當有名，例如：「單手拍掌是什麼聲音？」或者「狗子有佛性嗎？」

這種強調簡樸的禪修方式，也許使人認為禪宗已與注重儀式的佛教分道揚鑣。的確，最初吸引歐美人士於第二次世界大戰後皈依禪宗，就是受到這種想法的影響。然而事實並非如此。禪宗的發展其實受到有財、有權的日本統治階級贊助者的期望所影響。這些人通常視宗教與政府為一體的兩面，他們較有興趣的是禪宗僧侶能夠執行有力的保護儀式，而非禪宗所提倡之哲學及禪定的修持。當這種儀式活動在其他佛教宗派(例如真言宗)充分表現時，所有日本的佛教宗派

日本口亞山(Mount Koya)休喬新思寺廟(Shojoshin-in Temple)中的真言宗僧侶在佛壇前禪坐，真言宗僧侶是以能執行有力的保護禮儀聞名。

都不免或多或少強調儀式。

　　結果，儀式活動在過去的禪宗裡扮演一個重要的角色，到今天依然如此。寺院及寺廟裡通常都有早課及晚課。寺院裡是由方丈主持，寺廟則由住持主持。在家居士可以參加這些儀式，但不可以參加重要的佛教節日，因爲那是專門爲佛教僧侶舉行的。在這些儀式中，素果、鮮花及香用來供奉佛陀、文殊菩薩及觀世音菩薩等。僧侶誦念各種不同的經文，

尤其是《心經》(*Heart Sutra*)，《心經》是一種簡短的經文，它囊括禪宗的哲學教導。在這些儀式中，主持人通常穿著華麗的刺繡絲質袈裟。這似乎與禪宗所教導的刻苦生活相去甚遠。對於那些經由書籍，而非由生活導師習禪的歐美人士，這些景象顯然令他們感到震驚。

雖然在上座部佛教國家裡，僧侶與在家居士共同慶祝重要的宗教節日，但是大眾部佛教的宗教節日卻常與上座部佛教國家的節慶有所不同。日本大部分信奉大眾部佛教，但日本的佛教徒紀念佛陀生日、成道日及死亡日，與在斯里蘭卡及東南亞上座部佛教國家的紀念日不在同一天：佛陀的生日「花祭」(Hana Matsuri)是在陰曆四月八日，他的覺悟日「涅槃」(Nehan)是在二月十五日，他去逝的日子「臘八」(Rohatsu)是在十二月八日。紀念佛陀逝世要進行為期一星期的密集禪修。對於日本佛教徒特別重要的是七月十三日起連續四天的盂蘭盆會(Obon)。這個節日是紀念佛陀的一個弟子的母親從地獄解脫。在日本，這一天變成是紀念死去祖先的節日。有一些節日對禪的修行者極其重要。十月是紀念第一位把禪宗從印度傳到中國的初祖菩提達摩(Bodhicharma)。偉大的日本禪師也備受尊敬。日本人在一月十日紀念臨濟禪師(Rinzai Zenji)，十一月廿二日紀念大燈禪師(Daito Zenji)，八月廿八日紀念道元禪師(Dogen Zenji)，八月十五日紀念瑩山禪師(Keizan Zenji)。淨土宗的修行者則在五月廿一日紀念他們的始祖親鸞(Shinran)。

金剛乘佛教：注重儀式的密教

約於西元五〇〇年間，另外一個宗教的發展在印度出現

了。就是在那時，印度教及佛教開始顯示我們現在稱為怛特羅(密教)的這些特性。密教似乎嘗試發展一種新的修持形式，與早期佛教靜態的禪修相比，這種形式比較富於動態。在發展過程中，一種嶄新的佛教型式出現了。金剛乘佛教自始與其他型式的佛教立論略有不同。這種差異不在於哲學，而在於方法。金剛乘佛教非但不排斥以肉身當成覺悟的手段，相反的，它主張透過肉身來證悟。

因此，金剛乘佛教僧侶的訓練有別於上座部或禪宗僧侶的訓練。上座部佛教訓練的要素在於藉著遵守戒律及吸收巴利經文的知識達到上乘的禪定。禪宗訓練的精髓在於經由自律達到完美的禪定。而金剛乘佛教的訓練在於透過儀式的實踐以臻完美的禪定境界。不過在金剛乘佛僧修行的晚期才會強調儀式修行法。首先，他必須從事一段長時間的經文研究，為研修儀式作好準備。一般認為，密教修行在引導修行者達到涅槃方面是相當有效的，但也非常危險。沒有密集的準備而去修密教是不智的，可能導致輪迴到眾多地獄之一。為此，在家人多半避免修密教，只有專業修行者才修密宗。

密教不能靠個人獨修，必須跟在上師身邊學習。上師以識途老馬的身分指點後進，他有豐富的經驗指導後人。的確，一般人非常重視上師，經常敬他如神一般。很多德行高深的上師被視為能依他們的意願一再轉世。這些就是我們前面所討論的轉世活佛。在一位有經驗的上師引導下，初學者得以邁上密教之路。

要修密教得從最基本的修行開始。這些練習因不同宗派而有別，但他們有某些共同點。一位修行者必須做十萬個大禮拜。修行者在各種不同供奉儀式中重覆做十萬個大禮拜，

這樣做是爲了淨化人心並收斂心神。然而修行者必須記住這些修行並非眞正的密教本身。做這些修行需數年的時間,許多人從來沒能夠超越這一關。這種修行是用來考驗可能成爲密教修行者的人,淨化他們以做好準備。有人說,做這種練習本身有其價值。很多人,尤其是在家人,只管做大禮拜根本不存進一步去研究密教的念頭。一般而言,密教是專門給出家僧眾修的。一般人認爲做大禮拜是在爲來生種福田。

完成這種基本的修行後,上師就準備爲他的學生舉行灌頂儀式。這種**灌頂**(abhiseka)的儀式對學生的學習很重要。沒有這個儀式,即使一個人有途徑研讀怛特羅經文,他的研究還是罔然。灌頂儀式不僅授權一個人可以修行,它還賦予這種修行加持力量。更重要的也許是這個儀式使學生加入可以使用儀式中特有經文的「家族」中。灌頂儀式也使得學生有資格接受老師針對經文意義的口頭教導。這是非常重要的。在現今社會,我們相信經文可以自行解釋,但在密教傳統裡,對經文望文生義是相當危險的。經文中的知識會導致眞正的傷害,所以經文總是寫得令人迷惑,像**謎語**(twilight language)。這意味著經文本身並非傳達教導的基本工具,而是提供一種記憶輔助作用,協助老師及學生研究。

在舉行灌頂儀式時,學生接受眞言(mantra)與他的本尊(yidam)之曼荼羅(mandala)。金剛乘佛教相信眾神論,但對密教的修行者而言,這些神祇並非眞正存在的實體。祂們提供男女修行者一種與他們心中的元素互動的途徑。若非如此,這些心中的元素可能只存在於無意識界,因此沒有其他途徑可以達到。在灌頂儀式中,這位有豐富經驗的上師會選擇一個讓他的學生專心繫念的本尊神。同樣的,他會指點

他的學生適合那位神祇，這個真言通常源自梵文真言，以簡短的詞句囊括本尊神的本質。學生可以在他的日常生活中隨時隨地冥思這個簡短詞。經由真言，學生不斷地與他的內在自我維持心靈上的聯繫。

曼荼羅使用於更正式的宗教修持。那是一種相當複雜的宇宙畫像。這種畫其實在極其複雜中將宇宙與學生連結在一起。經由曼荼羅，一個神聖的空間被創造出來，用以結合兩者。曼荼羅變成一種神聖地圖用以描述學生通往個人心屬神祇的「宮殿」的旅途。在儀式上及禪修上遵循這張聖圖，並且克服各種面臨的障礙，學生將愈接近與個人神祇結合的終極目標。如此的結合就是學生修行的最高點。經由這種結合，學生體認到自己與終極實相合為一體，也因此從生死輪迴裡獲得解脫。

這種灌頂儀式，如時輪金剛灌頂，並不固定於佛教的宗教節日舉行。西藏人使用陰曆，因此他們的節慶變動非常大。西藏人在每年第四個月第九天慶祝佛陀生日，第四個月的第十五天紀念他的開悟及死亡。第一個月的第四天他們開始慶祝曼連乘摩節（Monlam Chenmo），並持續約三個禮拜。第五個月的第十五天，則供奉當地的男女眾神。他們相信這些神是佛法的護持者。而信徒佔大多數的格魯巴派特別感興趣的節日是它的創建者宗喀巴的逝世紀念日，他去世的日子是在第十個月的第廿五天，另一個重要節慶是現任達賴喇嘛的生日——陽曆七月六日。

淨土宗：阿彌陀佛的拯救恩寵

直到現在我們已討論的所有修行法門，對在家人而言都

是很難辦到的。這些修行法門要求修行者離開社會，花很長的時間在禪定或儀式的修行，以獲得渴望的開悟目標。對大多數人而言，這既不吸引人，也不是世間可行的一種生活方式。家庭及社會義務不允許人們這麼做。那麼，佛教給予這些人什麼希望呢？僅供養僧侶或做做基礎的行是他們最大的渴求嗎？他們是否有必要延到來世才能尋求開悟？佛教早期的歷史曾提出這個問題，但是因應此問題而生的，也許就是廣為流傳的佛教宗派淨土宗。

淨土宗的根源在印度。正如我們在第三章所看到的，大約在西元前一〇〇年左右，與大眾部佛教結合的新觀念開始在印度發展，其中一個新觀念是，我們所居住的宇宙只是很多世界系統中的一個。從佛教經文裡我們得知，當佛陀生命即將結束時，有一天他在森林中散步。他隨意地向他的侍者阿難（Ananda）提到，是否有人請佛住世。可惜，阿難不是佛陀弟子中反應最敏捷的，他沒有聽懂佛陀的暗示。而佛陀再試了一次，阿難依然沒有懇求佛陀住世，於是佛陀馬上告訴阿難他就要死去了。

對佛教徒而言，佛陀的死亡代表佛陀教導的力量在我們這個世界開始衰微。隨著時間逝去，我們離佛陀的時代更遠了，世上的道德狀況繼續式微。的確，很多佛教徒相信，目前的社會道德如此淪落，以致於當代人無法成就開悟。然而並非全宇宙的系統都像我們的一樣。主要的原因是宇宙中每個世界都有它自己的佛陀。在這些世界裡轉世的諸多佛陀，他們並沒有死，不像我們世界的佛陀。

這種觀念影響宗教修行的整體目標。對上座部佛教徒而言，這個世界的衰微意味著他們此世最重要的目標，是寄望

來世投胎有好的重生。在那時彌勒這位新佛陀將在地球上出現，振興佛教信仰。然而很多大眾部佛教徒懷有一個更直接的可能性——那就是重生於一個不同的，更純淨的宇宙。這些宇宙就是我們所謂的淨土。這些佛陀已在這些宇宙建立了佛教國度，並有能力卓越的弟子。這些弟子比起阿難，他們有較好的理解力。因此這些佛陀永遠活著，他們的世界不僅不會像我們的世界那樣會衰敗，實際上還精益求精。從我們的觀點來看，他們就是天堂。事實上，他們是如此的完美，以致於任何一個人出生在這樣的世界都無可避免地能夠在修行方面獲得進步，而且這些人只要花一輩子的時間就可完成開悟。

就像淨土宗佛教徒所擬想的，佛教徒在這個世界上的目標，是要在淨土世界裡重生。然而，這又有一個問題。淨土宗佛教徒認為我們的世界是如此的敗壞，我們所做的任何努力都不足以確保在淨土重生。幸運的是，人類與治理這些淨土的諸佛有種超自然的關係。這些禪佛（Dhyani Buddras）佛中最負盛名的是 **阿彌陀佛**（Amitabha，日本發音為 Amidabutsu）。正如所有的佛陀及菩薩，阿彌陀佛發願要拯救所有有智慧的人類。以他的情形來說，這意味著他會協助那些以十足的信心求助於他的人，幫助他們重生在他的淨土中。這也保證這些人一定可以在來生完成開悟。

這種概念一下子為佛教注入新生命。禪定、儀式及經文研究需要花大量的時間，唯有撥得出大量時間專注於此的人才能修持。這也就是說只有出家人或有足夠財力的人，才能修那些法門。然而淨土宗的基本信念認為解脫是依賴人的信心，而非他的成就，這意味著普通老百姓，商人及農人也都

能加入佛教的修行行列。

　　針對他們的一系列虔誠修行及文學著作跟著出現，此前這個階級的人，多少只能扮演提供出家僧眾物質需要的角色。雖然這些農人經由布施而能夠不斷的積功德，可是他們今後也能夠渴望藉著佛力的加被而獲得解脫。經由不斷的重覆誦持佛號或發願文，中、下階層的人可以一面工作一面修持。此外，儘可能的參與朝聖，以及對僧侶提供物質的需要，這些就變成淨土宗追隨者的特色。

　　淨土宗在印度從來不曾發展成一個大宗派，然而當它傳到東亞時卻迅速成長。部分原因是，中國及日本出現一些能力卓越的弘法者。遺憾的是，淨土宗教義的勝利被教內及世間的權威人士視為大逆不道，因而不斷地迫害他們。這些事反而在販夫走卒的心裡加深了一個觀念，那就是淨土宗佛教是大眾的佛教，而其他型式的佛教則是上層階級的佛教。因此之故，淨土宗在中國與日本的中低階層社會中廣為流傳。所以當這個階層的人士為了追求更好的生活而移民美洲時，淨土宗就成了第一個傳入美洲的佛教。

　　在現行上座部的國家，比丘尼的人數稀少意味著這是歷史上的意外，而非刻意的性別主義。事實上，即使不是的正式的比丘尼，女人在這些國度裡，仍扮演著一種很有影響力的宗教角色。此外，在大眾部佛教國家裡，一直有一股潮流再加強比丘尼接受神職。比丘尼現仍存在於大眾部佛教及金剛乘佛教裡。

5 佛教與現代世界的挑戰
Buddhism and the Challenge of the Modern World

佛教是一種有趣且歷史沿革已久的宗教，但是如果你認為它從以前就一直很蓬勃發展，或者認為現在它已不再活力充沛，那就做了一項不智的假設了。就像在這一章裡我們會看到，佛教被迫適應現代社會的瞬息萬變。有些時候，這種轉變很順利。然而，有些時候，即使沒有嚴重的困難，佛教與現代意識形態的緊張關係卻無法化解。

佛教與斯里蘭卡的國家認同

就如同前文所述，佛教在斯里蘭卡歷史沿革已久，而且它迅速的變成操印歐語的錫蘭（Sinhala）民族根深柢固的一部分文化。佛教持續鞏固它在錫蘭的地位達數百年之久。的確，早在西元前第一世紀，上座部佛教已在斯里蘭卡出現文字記載的經文。然而，我們必須注意的是其他宗派的佛教也在這裡蓬勃發展。直到帕拉卡馬巴胡一世（Parakkama-Bahu，執政期間自西元1153-1186），上座部佛教才成為斯里

蘭卡的官方宗教。然而，也是在這段期間，佛教的穩定成長受到了政治變動的影響而告中斷。斯里蘭卡開始受到該島北方自印度南方遷徙而來的操泰米爾語(Tamil)的達羅毗荼族(Dravidiam)屢屢侵犯。整體來說，這些侵犯者都是印度教徒，他們不認為需要支持佛教的發展。經歷幾百年，印度教入侵者的影響時有消長，而斯里蘭卡佛教的運道亦同樣受到了影響。因此，佛教與講印歐語的錫蘭民族愈來愈緊密聯結也就不足為奇了。同樣的，印度教則與操泰米爾語的達羅毗荼人關係愈趨密切。

這種關係在都它葛米那(Dutugumuna)為王的朝代(101－77BC)變得相當明顯。在他執政期間，錫蘭民族再度擁有島嶼北部大部分的掌控權，收復了以往曾為泰米爾族入侵者占有的地區。都它葛米那為了光復故土發出宗教戰爭的口號，假錫蘭佛教徒正義之師為名，聲討占領他們故土的信奉印度教的泰米爾族。繼任的歷任國王更加強這種說法，以致到後來這種論調竟成了錫蘭文化中的信仰之一。由此產生出的緊張關係直到我們這個時代，斯里蘭卡還在為這種苦果付出代價。

這種模式隨著西元一六〇〇年代早期歐洲強權的抵達而增強。受到商業野心及宗教狂熱的驅使，歐洲的強權不僅在斯里蘭卡扮演相當重要的角色，在整個亞洲亦復如此。葡萄牙人是斯里蘭卡第一個殖民勢力。葡萄牙人由於在征服時期受到百年來與伊比利亞半島伊斯蘭教徒戰事的影響，他們在拓展殖民勢力的同時，也積極擴展羅馬天主教信仰。由於他們強烈不容許其他宗教的存在，他們強力剷除佛教及印度教寺廟，並且要求(通常是強迫)他們改信羅馬天主教。不久，

葡萄牙人又爲荷蘭人所取代。荷蘭人迅速地強制灌輸他們新基督教。接著英國人又取代了荷蘭人。基本上英國人對貿易較感興趣。他們認爲推行寬容的宗教政策對貿易最有利。

當殖民勢力擴增時，錫蘭民族及泰米爾族的政治勢力日趨式微，當地僅有的獨立王國，就是位於島嶼山丘中央的康地王國。由於這些入侵的歐洲殖民勢力對宗教持有偏見，一般人難免認爲康地王國就是斯里蘭卡佛教的守護者。此外，佛教與政治獨立在斯里蘭卡人心中是緊密相扣的，如同過去一樣。這種緊密關係在後殖民時期，對斯里蘭卡佛教發展的方向相當重要。

■現代斯里蘭卡的經驗

殖民期間，斯里蘭卡充斥著基督教的傳教活動，然而，佛教的僧伽總是能夠維持它大部分的支配地位。大部分的殖民活動侷限於島嶼的沿海區域，而康地王國受到周圍諸山圍繞保護，並沒有受到侵犯，因此，它成了斯里蘭卡人保有其生活及文化的天堂，且爲體制佛教提供豐富的支援。然而隨著英國人的到來，這些全都改變了。西元一八一五年，對法國及荷蘭船隻威脅阻撓他們與東方殖民地互通聲息記憶猶新的英國人，決定剷除康地王國。

隨著康地王國這個最後官方保護者的消失，佛教徒發現他們今後要服事一個不了解他們古老傳統的新主子。起初這似乎不成問題。統治南亞的英國人對於子民的宗教生活並不感興趣。然而在大不列顚本國情勢的發展卻改變了殖民地政府對宗教寬容的態度。

造成這種改變的主要原因之一是福音的熱潮遍掃英國各地。此時很多有具影響力的人士相信英國對其殖民地的子民

有道德使命。時代趨勢如此，換句話說，應該盡全力使當地人都信仰基督教。這種趨勢使得斯里蘭卡(及其他地方)的英國殖民地政府陷入兩難的處境。一方面他們認爲當地居民的確不適合成爲基督徒，而另一方面，他們受限於他們在征服康地人的時候對斯里蘭卡釋出宗教權威的承諾。在當時佛教幾乎已是國教。佛教在斯里蘭卡的成長已到了國王(或政府)掌控寺院資產，並且充當法官，爲派別紛爭排難解紛的地步。康地王國被消滅後，英國人接管了這些功能，他們誓言支持佛教，一如當地前人所做的一樣。

然而，增加傳道活動的輿論大嘩之際，殖民地政府發現愈來愈難實踐這個諾言。隨著老一代對斯里蘭卡人民懷有同情心的統治者去世或退休，其繼任者愈來愈不尊重這個承諾。西元一八四〇年，傳教活動全面展開。西元一八六〇年，在政府的默許下，佛教被迫愈來愈採取守勢。因此，在這段期間內我們不難看到佛教徒態度的改變，他們不再與基督徒和平共存，從此他們朝向對抗反擊傳道工作及基督教。

而這種原動力的來源說起來相當稱奇。一位名叫亨利‧歐卡特(Henry Olcott)的美國內戰英雄，是俄國女通神學者布拉瓦茲基(H. P. Blavatsky)的追隨者，也是通神論(Theosophy)新宗教潮流的創立者之一。通神論有很多觀念取自印度教及佛教。歐卡特上校相信東方思想的精神價值，所以在西元一八八〇年乘船前往印度及斯里蘭卡，在其自然環境中研習東方思想。基督教的傳教士對斯里蘭卡所造成的傷害令歐卡特十分驚駭，於是他發起了一個成功的運動，將佛教徒組織起來對抗基督教。其中包括居士佛教團體的基金會、佛教學校以及一個反駁基督教傳道立場的組織。在適當

的時候，他將這個火炬傳給他的保護者，大衛·荷赫瓦維塔（David Hewavitarne），也就是歷史上知名的宗教家阿那加利·達馬帕拉（Anagarika Dharmapala，1864-1933）。

在現代史上，沒有人比達馬帕拉為了振興斯里蘭卡的佛教花更大的心力。他的努力也不限於斯里蘭卡境內。由於北印度的佛教聖地已淪入印度教手中，他覺得非常痛苦，為了要買回及重新整修這些聖地，他組織了大菩提學會（Maha Bodhi Society）。在這過程中，這些聖地再度變成來自世界各國佛教徒朝聖的中心，並且使得佛教在其發源地重新振興。在斯里蘭卡，儘管達馬帕拉的一生過著像是佛教僧侶般的生活，卻從未加入僧團，他開始支持居士的禪修佛教團體成立。傳統上佛教禪定一向為僧侶保留，而今興起居士禪修的新趨勢，使得佛教愈來愈對大眾開放。

隨著鼓吹政治自由的風氣大開，政治家們發現，佛教對錫蘭民族農民依然大有影響。班達拉乃克（S.W.R.D. Bandaranaike）的從政生涯善用這一點就是個好例子。班達拉乃克成長過程中受洗為英國國教徒，但是在政治前進的考量下，他改信祖先的宗教佛教。在斯里蘭卡獨立之前，他甚至曾經提議，研讀佛教的適當語文既非巴利文也非錫蘭文（大多數人口使用的語文），而是英文！無論如何，就在那個時候與在西元一九六五年他當選為總理首相的這段期間，他成為新生的佛教徒。

就在這個時候，班達拉乃克與其他志同道合的人士致力使佛教成為斯里蘭卡的標準宗教。可想而知，這種改變對於一個超過二〇％非佛教徒的島上居民而言，其過程並不順利。基督徒及分佈在島上北部與東北部為數更多的講泰米爾

語的印度教徒，他們終於看清從政者此一排擠手法使他們的政治處境愈來愈孤立。因爲不斷地強調宗教差異，到了政府刻意採取孤立政策時就發生了暴亂。此時通過的法案中，終止英國人特權嘉惠錫蘭族，廢除了保障泰米爾人在教育與政府機構享有相當保障名額的制度，從此排擠其他宗教而獨厚佛教。

至今我們依然可看到這個結果的影響。雙方各自訴諸的宗教原則所掀起的激烈內戰，使斯里蘭卡經歷了超過十年的動盪不安。短期內內戰還不可能結束。不僅政府定期針對島嶼北部及東北部的印度教堅強據點展開軍事掃蕩，而且印度教徒也以恐怖主義的手段，報復斯里蘭卡的錫蘭族人所占有的區域。世界上最祥和宗教之一的佛教，已變成是暴力及不容異己的宗教，這是斯里蘭卡的悲哀。令人難過的是，這種情形不僅發生在斯里蘭卡，也發生在佛教世界。

東南亞的佛教與殖民主義

在東南亞我們也看到了類似的文化衝擊。現在我們所知道的有印尼、菲律賓群島、馬來西亞、越南、高棉、泰國、寮國和緬甸，這些國家多年來受來印度文化的影響，同時受到少許中國文化的影響。本世紀早期很多歷史學家認爲佛教及印度教是隨著文化帝國主義的潮流而進入東南亞的。固然當地文化會發現這些宗教及其他如印度及中國的文化具有吸引力，因而把這些特色併入他們自己的文化傳統裡，但如果以爲其間的過程平順或者認爲這是外在壓力所造成，那就不智了。這些文化顯然按照他們本身的條件吸收這些新宗教的型式，並將這些新傳統加以揉和，使其實際上成爲切合他們

自己目的的本地宗教。

佛教的情形就是一個好例子。中國有些記錄顯示，佛教在早期是沿著越南沿岸生根的。然而它傳入這個區域的確切日期無人知道。不過非常有可能佛教是從這個地區及中亞一帶，開始傳入中國的。無論如何，顯然佛教與印度教在很早以前，可能是在西元前第二世紀①便開始經由海上商業路線進入東南亞。然而，首先吸引這個區域王室贊助是印度教，因此我們很少在這裡追蹤到佛教發展的考古証據。

西元一〇〇〇年左右，這種情形全部改變了。西元一〇〇〇年後，佛教逐漸變成東南亞發展中國家的官方宗教。這些地區所選擇的佛教是根據斯里蘭卡模式較為傳統的上座部佛教。約在西元一三〇〇年，緬甸、泰國、寮國和高棉都已變成上座部佛教國家②。這些國家推動政教合一，明顯地具有斯里蘭卡佛教的特色。這有一部分是因為當地情況所造成，而有一部分則是這個地區的佛教領袖視斯里蘭卡為他們宗教的前導。無論如何，佛教因王室的贊助而蓬勃發展。

當歐洲權勢延伸他們的影響力到東南亞時，這一切又改變了。然而這種發展相當遲。葡萄牙人及西班牙人是最早的

---

① 稗史上記載，阿育王（Asoka）曾於西元前第三世紀派遣二位弘法師進入緬甸。然而在緬甸並沒有相關的證據證實這種說法。由於緬甸接近孔雀王朝（Mauryan）權力中心，因此這種說法是可能的。果真如此，那佛教首次進入東南亞的時間可能就在西元前三世紀了。

② 東南亞的島嶼呈現一種不同的風貌。印度尼西亞當地的宗教是結合對溼婆及佛陀的供奉，但後來開始愈來愈受伊斯蘭教的影響。菲律賓群島各種不同的當地宗教修行法門一向相安無事。越南則選擇追隨與中國有密切關係的大眾部佛教型式。

殖民者，他們於西元十五世紀末期抵達東南亞，一開始他們並未想要完全掌控這個地區，只要能控制貿易港口附近較小的地區，他們就心滿意足了。因此，儘管他們視殖民及宗教皈依是同一件事，但也只能影響菲律賓群島及印度尼西亞的少部分地區。到了西元十九世紀，才有荷蘭人在印度尼西亞下功夫，法國人在越南、高棉、寮國積極發展，而英國人則在緬甸、馬來西亞以及新加坡努力耕耘。

在這些國家當中，第一個受到歐洲人注意的是緬甸。在一連串升高的戰事中，英國逐漸將越來越多的緬甸地區併入他們的印度帝國。到了西元一八八〇年，緬甸古國滅亡了。法國人也差不多在那個時候開始在東南亞發展殖民勢力。據推測，法國人為了要保護他們在越南的羅馬天主教傳教士，而展開一連串的攻擊，獲取了更多的越南領土。雖然他們容忍越南帝王在位直到西元一九五四年，但在西元一九〇〇年以前，法國早已控制了越南、高棉和寮國，因此在信奉佛教的東南亞只有泰國依然保持獨立。究其原因，不外乎在泰國西邊的英國勢力與在東邊的法國人相持不下，都不允許對方擁有泰國。正如斯里蘭卡，在一般人心中佛教與國家概念二者密不可分，因而當東南亞致力尋求國家獨立時，佛教扮演了一個重要角色。

■東南亞佛教現況：從現代世界退卻

東南亞大陸地區佛教發展的情形與斯里蘭卡有很多相似之處。在緬甸，上座部佛教是緬甸族群的宗教信仰，約占全國人口的七五％。因此，他們奮力擺脫英國的殖民掌控，在某種程度上跟振興佛教是有關連的，這種情形正是斯里蘭卡的翻版。在西元一九〇六年，緬甸成立了一個名為佛教青年

聯會（Young Men's Buddhist Association）的組織，它造就的領導人才終於帶領緬甸在一九四八年獲得獨立。然而此時建立的緬甸決非只有緬甸族群的國家。差不多有二五％的人口是其他族群，而且這些人當中有很多深受歐洲傳教士的影響而成爲基督徒。

不難了解爲什麼緬甸不同族群不願全力支持任何由緬甸人掌權的機構。他們的疑慮並沒有因爲宇努（U Nu）出任新緬甸聯邦的總理而稍解。宇努是位虔誠的佛教徒，對他而言，當一個緬甸人與當一位佛教徒是同一件事。對於緬甸的未來，他希望將緬甸建立爲緬甸社會主義國家。這個願景導致克倫人（Karens）起而反抗，大部分的克倫人是基督徒，他們希望有他們自己的國家。西元一九五〇年代初期克倫人的節節勝利導致尼溫（Ne Win）受命指揮政府軍隊。這是一項很重要的任務指派。

同時宇努資助佛教再興，希望能促進國家團結。一九五六年緬甸主辦一個佛教名人國際會議，慶祝佛陀二千五百歲誕辰。害怕緬甸人統治的少數種族疑懼有加，這群住在肥沃產米地帶，河谷圍繞的山區偏遠地帶的少數民族，漸漸希望取得自治權，不受中央政府管轄。這促使政府將更多的權力交到軍方手中。西元一九五八年，在尼溫將軍的指揮下，軍隊掌控了整個國家。西元一九六〇年曾有過還政於文人的努力，但沒有成功。在這個時候，緬甸人修改憲法，使得佛教成爲緬甸的官方宗教。然而文人政府再一次證明它的效。西元一九六二年尼溫再度掌權，直到今天，大權依然握在軍方。

同時，軍方也斷絕了緬甸與其他國家的互動關係。除了

短暫開放期間，大部分的時候，緬甸仍然是地球上最孤立的國家之一。其政治氣氛高壓不斷。所有批判政權的人都在恫嚇或暗殺之下被迫消音。佛教僧侶也難倖免。其結果是國家支持的僧團形同政府的一個部門。另一方面，很多異議僧侶加入反抗團體以對抗政府。他們為恢復緬甸政府的民主體制而積極努力。

佛教與國家的關係也是越南近代史上的一個重要因素，只不過方式有點不同。法國人在西元十九世紀末期擁有越南、高棉與寮國的控制權。他們了解他們將需要當地人來幫忙管理。他們求助於改信基督教的少數越南人。當越南獲得獨立，很自然的，政府治權就交給了少數幾個有管理國家經驗的人。因此不到一〇％的羅馬天主教越南人便控制了數目遠超過他們的佛教徒的生活。

在激進佛教僧侶指引下，佛教徒及時開始為恢復他們的民權而示威。信奉天主教的少數族群嘗試繼續握有權勢，然而在一連串僧侶澆汽油自焚慷慨犧牲的事件後，天主教政府垮台。接下來的幾個事件，像中南半島的戰爭及共產黨接管越南，也削減了佛教勢力但並沒有完全剷除佛教。儘管佛教被越南共黨鎮壓，但在越南及海外歐美移民社區中，依然備受重視。

當西元一九五三年高棉獲得獨立時，佛教已是好幾百年來高棉人生活裡重要的一部分。然而西元一九五七年，佛教在高棉受到嚴重的打擊，幾乎一蹶不振。在那一年，高棉的新主子「赤棉」（Khmer Rouge）為了要革新高棉社會，決定剷除無法直接有助建設成社會主義國家的一切因素。他們驅逐人民至偏遠地區，並且殺害很多菁英知識分子，其中包

括大部分的佛教僧侶。在這段短暫的恐怖統治期間，一些在西元十五世紀的佛教文化幾乎完全被剷除，只有少數的僧侶逃出高棉。所以高棉的佛教文化隨著少數殘存的僧侶而分散於世界各地，如美國加州長堤（Long Beach），麻省（Massachusetts），羅威爾（Lowell）及巴黎（Paris）。現在有人嘗試振興高棉境內的佛教，然而在這麼多佛教傳統都已失傳及摧毀之下，佛教是否可能重現其過去的光輝，實不無疑問。

中國大陸對佛教展開全面迫害

在中國，情況又有點不同。雖然佛教開始的時候相當成功，可是掌控中國政府的儒家統治階級始終對佛教抱持懷疑的態度。他們認為，佛教破壞傳統的中國家庭價值觀，而且捐贈給中國各宗派佛教造成稅收的減少。因此，佛教在中國定期受到迫害是其來有自。久而久之，這些迫害也付出了代價。雖然佛教繼續擁有農民信徒，可是農民追求的是神力，而非對形而上原則的堅信不移。

結果，中國人在政治上得勢的同時，在知識界也獨尊儒家。新的儒家思想開始主宰中國人的思想。佛教變得愈來愈屬於是鄉下人的宗教，是政界失意者潛沈倚恃的宗教，佛教因此不曾重新獲得像它在第七及第八世紀知識分子中所擁有的地位。然而這並不是說，中國佛教哲學思想已完全消聲匿跡了。中國長期盡力排除異族入侵，並促進政治團結，促使很多年輕的僧侶倡導佛教現代化。雖然他們在僧伽中只居少數，且常為佛教團體的領導人所反對，但他們對現代中國佛教的發展卻有他們的影響力。

這些年輕僧侶中最有名是太虛（T'ai Hsu，1890－1947）。

他興學建校，提出佛教語文的研究不限於中文，以及提倡佛教徒世界聯盟的觀念。這些努力於中共接管大陸之後開始嘗到惡果。中共視這些佛教僧侶猶如社會的寄生蟲，認爲他們耗盡了中國人民的活力。因此在西元一九五一年，中共沒收了大部分寺院的土地，並且將佛教團體納入政府控制之下，命令年輕的比丘、比丘尼還俗。西元一九五三年成立的「中國佛教會」將佛教團體納入政府的掌控下。定期的政治鬥爭，例如紅衛兵運動使得中國佛教更爲脆弱。這些壓迫的結果，佛教喪失了它大部分的力量，儘管如此，在中國它仍保有勢力，在可見的未來，佛教的勢力將繼續存留。

現代韓國及日本的佛教

好幾百年來，韓國與日本的佛教一直有密切的關係，的確，日本接受的中國文化通常都是由韓國的僧侶傳去的。在西元一〇〇〇年前，禪宗（Son）在韓國大行其道。遺憾的是佛教爲朝鮮王朝(1392-1910)推崇儒家思想的歷代諸王所鎮壓。更奇怪的是，由於西元一九一〇年，日本征服了韓國，促成韓國佛教復興。

儘管日本允許韓國佛教復興，他們卻嘗試強迫韓國的佛教沿襲日本的模式，而日本的模式非常不同於韓國當地的佛教模式。這種差異導致衝突，終於在西元一九三五年促成韓國佛教的統一。到了二次大戰(1939－45)及韓戰(1950－53)結束之後，北韓佛教已經絕跡，南韓佛教勢力也多少削弱了。儘管歷經困難，韓國佛教仍然不僅在國內，也在海外持續蓬勃發展。

日本的佛教在現代也有它自己的難處。西元一八六八年

明治維新（Meiji Restoration）之後，日本人不重視佛教卻支持國家提倡的神道（Shinto），而神道教是一種崇拜天皇的宗教。在這段時期，僧侶獨身被認為是不合法的，結果導致今天的日本佛教准許僧侶結婚。同樣在這段期間，日本的佛教採納很多西方的創意，像是設立主日學校（Sunday School）、禪修社、成立青年會，以及在某些情況中，接受基督教的儀式及衣著上的裝飾物等皆是。

現代日本佛教的另一個有趣發展，是新的居士佛教組織的出現，例如，創價學會（Soka Gakkai）及立正佼成會（Rissho-koseikai）。這些新組織的作為不同於佛教舊組織的原則。他們以積極的新方法取代了舊制。這使得較為守舊的佛教徒感到不安。整體來說，日本的佛教在全國生活中占有重要地位。此外，有很多日本宗派在歐美地區找到宣揚他們新觀念與修行的沃土。

西藏佛教及文化的毀滅

百年來，中國一直視西藏為其一省。對西藏的臣服，以及定期進貢心滿意足之餘，中國同意由大僧團治理西藏，如同以往好幾個世紀一樣。然而這一切隨著西元一九五〇年中共掌權而改變了。中國的新政府不滿意傳統的安排，並且極欲確保邊界的安全，他們嘗試更直接地統治西藏。為了直接掌控西藏，以及為了彰顯他們主張的無神論，他們占領西藏、鎮壓寺院，並且強行剝奪佛教的特權。

西元一九五九年，西藏人民起義抗暴，這個時候，現任的達賴喇嘛逃離西藏，前往印度。中國自此進行恐怖統治，

西藏佛教的精神領袖達賴喇嘛已吸引很多西方人士。他在西元一九五七年被驅逐至印度,他的領袖魅力協助這些在祖國西藏受到中國共產黨凌虐的人民。

計畫將西藏佛教完全根除。寺廟在劫難逃,寺院被毀,僧侶遭折磨迫害,經文被焚。然而要消滅西藏的佛教信仰,其難

度實超乎中共的想像。藏僧帶著他們信仰的無價經文開始長途跋涉，越過喜馬拉雅山來到印度。他們聚集於印度，重建被毀的寺院大學，開始教導年輕一代的新生這些複雜的祭典及西藏佛教儀式。

　　同時，達賴喇嘛成了西藏及藏傳佛教信仰的發言人。這位口才佳、散發領袖氣質的西藏宗教領袖，為了吸引世人注意到西藏所面臨的困境，他將西藏佛教普及化。很多西方人為其富有活力的傳統特性所吸引，開始支持西藏致力於保存其文化遺產。當中國占領西藏的政治問題仍有待解決之際，我們可以說西藏佛教已設法安然度過了暴風雨。由於現代修行者的勇氣及堅持，西藏佛教必能保存，並完整地流傳給未來的世世代代。

歐美佛教新氣象

　　至少從表面上看來，佛教是現代文化很重要的一部分。我們很難想像不過是二千年前，西方人對於佛教幾乎完全沒有概念。一直到歐洲勢力在南亞及東南亞地區建立了他們的殖民帝國，干預東亞國家事務之後，他們才開始注意到這些被他們征服的民族的當地信仰系統。然而，一般說來，這種注意力很少或幾乎與這些系統本質的價值無關。這些早期的統治者只不過視宗教為社會控制的一種手段而已。然而，隨著時間的推進，有些歐洲人開始欣賞佛教及其他亞洲宗教。當他們開始專精於亞洲古典語文，像梵文、中文、日文及巴利文時，歐洲學者開始深入研究他們認為新的、吸引人的宇宙觀。

　　這群學者以職位較低的殖民統治者為多。因為他們大部

分的時間都在處理一般老百姓的問題，而且在殖民地也很少有歐洲人可以交往，這些官員通常會從事當地文化的研究。雷斯-大衛茲（T.W. Rhys-Davids，1843-1922）就是一個好例子。他是斯里蘭卡的行政首長，他利用空閒時間研究巴利文，那是上座部佛教的神聖語文。他研究巴利文的結果讓他感到震驚。經文中所呈現的佛教並非（顯然）迷信的宗教，而是一種優美有深度的哲學，其中富於邏輯、合乎科學的思想，也就是後來在歐洲居主宰地位的思想。他變得非常熱衷於研究，並且創立了巴利文聖典學會（Pali Text Society），他有意編輯整個巴利聖典並將其譯成英文。這個學會（現在還存在）現在幾乎要完成這個目標。

　　歐洲人與佛教徒關係的第二個主要轉變是在西元一八七九年，當時艾德溫·阿諾（Edwin Arnold）爵士出版了他有名的史詩《亞洲之光》（The Light of Asia）。這本書以英文詩句叙述佛陀的一生，不過它並非學術作品，而是一種宗教表達，叙述一個人感謝佛陀的教導。過了不久，一位蘇俄人海倫·布拉瓦茲（Helen P. Blavatoky）與一位美國人亨利·史蒂·歐卡特（Henry Steele Olcott）這二位通神論宗教運動的創立者來到印度及斯里蘭卡研究東方思想。在斯里蘭卡，他們參與一個儀式而正式成為佛教徒。雖然他們對佛教的了解有點怪異，這兩位新皈依的佛教徒卻十分熱衷。

　　然而，這些通神論者只可說是冰山一角。約自西元一八五〇年起，歐美開始進入宗教危機時期。知識分子（及自認為知識分子者）愈來愈不滿意基督教。有人爭論聖經對於人類起源及現實世界是否提出一個完整、確切的說明的問題。有人爭論基督教聲稱是在此地或來世獲得拯救的唯一方法。

還有許多人根本想以科學的世界觀取代實際上只是迷信的宗教。對很多人而言，佛教「突然」出現於知識界，對他們的兩難困頓提供了答案。

然而這些早期的歐美宗教狂熱者對佛教的了解並不正確。我們都知道，佛教並未提及比人類強有力的生命是不存在的。它只是簡單的說，他們的影響力是有限的，終極的拯救不靠他們。早期信仰佛教的歐美人士認為佛教完全是無神論的，而且是自力的。這對很多佛教徒而言，情形顯然並非如此。早期的歐美佛教徒傾向接受上座部佛教，因為它對「超自然」元素似乎最少提及。在西元十九世紀中葉，當歐洲人開始嚴肅研究佛教時，他們為上座部佛教的巴利經文所吸引。這是因為他們從這些古代作品裡看見現代歐洲思想。

正如我們所了解的，上座部佛教在其本地的發展並非如歐美人士所以為的那樣。只是這種早期歐洲的觀點，已足以讓這些追求心靈層次而無法接受其他世俗事物的歐美人士，願意以上座部佛教做為他們的選擇。艾倫‧斑尼特（Allen Bennett，1872-1925）是第一位在緬甸皈依、實際受戒成為佛教僧侶的人。不久，繼他之後又有很多其他英國及德國人剃度為僧。直到二次大戰結束之後，其他的佛教宗派才開始打進歐美社會。

歐美人士再度對佛教產生興趣，戰爭本身是一個主要因素。戰爭使得歐美人士有機會接觸其他佛教國家，像中國及日本。中國及日本的佛教原已在夏威夷及美洲西岸建立了小灘頭。可惜種族主義使得移民社區與主流的美洲人生活無法打成一片。而這一切在戰後全都改變了。

第一個打進北美洲的重要佛教是禪宗，在西元一九五〇

年代美國掀起了一股禪宗熱潮。禪宗隨著日本僧侶釋宗演(Soyen Shaku，1859-1919)參與西元一八九三年在芝加哥舉行的重要世界宗教會議，而引入美洲。他在那裡遇見了保羅·卡魯斯(Paul Carus)，他是一位狂熱的宗教書籍出版商。釋宗演同意派他的一位弟子協助卡魯斯從事日本禪宗佛典的翻譯。這位弟子的大半生都在介紹禪宗給西方人士，他就是鈴木大拙(D.T. Suzuki，1870-1966)。

　　二次大戰之前的這段期間，其他的禪宗大師也追隨鈴木來到美國。不久他們就收了一群熱情的弟子。然而在戰後出現的「敲打的一代」(Beatnik)卻將禪宗發揚光大。出自這波潮流的作家像傑克·克勞奇(Jack Kerouac)，葛利·史奈(Gary Snyder)及艾倫·金斯柏格(Allen Ginsberg)都熱心傳揚禪宗者(至少在他們了解禪宗後如此)。艾倫·瓦茲(Alan Watts 1915-73)，這位遊走於各宗教間的有心人，也於西元一九五〇年代末期及西元一九六〇年代之間，向一些能賞識禪道的年輕熱誠者(最主要是在加州地區)介紹禪宗。

　　這種初期的基礎工作導致接下來的幾十年中，順利引進了大批禪師進入美國。這些禪師建立了禪修機構，他們以傳統嚴屬的方式教導禪。早期尋道者震驚的發現禪屬於一種「做該做的事」的宗教，而今由於第二波禪師教導的結果，現在美國的禪宗與傳統禪宗更為接近。的確，很多美國人當之無愧的成了禪宗大師。我們甚至可以說在這些美國禪師指引下，一種新式的禪宗——美國禪宗出現了。

　　中國及韓國禪宗的貢獻也不該被遺忘。禪宗大師宣化上人(Hsuan Hua，1908-)在加州創立了中美佛教總會及金山禪寺。在此訓練既傳統且極嚴格。其他的老師像聖嚴法師

（Sheng Yen Chang）也將中國禪宗傳揚到美國。同樣的，韓國的大師，像 Soen Sa Nim（1927-）也推介鮮為人知的韓國禪宗。他在西元一九七二年建立了逐漸流行的觀音宗（Kwan Um）。而在西元一九六七年早已有 Samu Sunim 以多倫多為基地建立了禪蓮社。

正如二次大戰禪宗開始傳入美國，西元一九六〇年代末期及七〇年代發生在中南半島的戰爭則讓上座部佛教開始受到重視。這段期間，美國的軍隊進駐越南，他們利用鄰國泰國做為休憩之地。在這裡他們與上座部佛教有所接觸。同樣地，隨著美國人在東南亞駐軍人數的增加，愈來愈多和平工作團的義工被派到這個區域一帶較為穩定的國家。這一切發展使得上座部佛教受到更多人注意。

也在這個時候，有很多人如美國的禪定導師傑克·孔費爾得（Jack Kornfield）及喬·哥德斯坦（Joel Goldstein），來到這些國家及斯里蘭卡做研究，他們甚至受當代偉大的上座部佛教老師，如泰國的阿姜查（Ajahn Chah）及緬甸的唐普魯·薩亞道（Taungpulu Sayadaw）剃度成為佛教僧侶。最後，這批人當中大多數返回歐洲或美國，有的還俗，有的以出家僧侶身分傳道授業。然而他們所教導的上座部佛教在本質上與他們受訓的那些國家的上座部佛教略有不同。整體而言，在泰緬等東方國家，只有僧侶才修禪定，但是在美國及歐洲，禪修變成是僧侶與居士共同的主要宗教活動。

另一方面，在上座部佛教國家常見的許多傳統的居士宗教活動，歐美人士並未照單全收。最受上座部佛教吸引的人們，通常都不滿傳統宗教，尤其是傳統宗教機制及超自然觀點。就像二十世紀早期的情形，他們對上座部佛教的嚮往是

因為視上座部佛教為「無神的」、「科學的」哲學，而非傳統意義的宗教。因此，上座部佛教中很多偏向祈禱的層面，這批修行者並未採用。

然而對很多人而言，禪宗及上座部佛教各派嚴苛的禪修並不吸引人，這些人要找尋的是比兩個傳統宗教更為多彩多姿的佛教。對他們來說就是金剛乘佛教。金剛乘是鮮為人知的佛教宗派，也是最晚傳到西方的佛教。金剛乘佛教在與世隔絕的西藏傳承，若非西藏在西元一九五○年被中共接管，外人至今或許仍不識金剛乘。

自始，那些離開西藏前往印度的喇嘛面對一個嚴重的問題。那就是中國有系統的摧毀他們整個宗教文化。可怕的事層出不窮，其中大多是千真萬確的。寺院被摧毀了，喇嘛被折磨至死，無價的藝術品被毀壞了。到了西元一九六○年代末期，中國文化大革命期間，更是變本加厲。喇嘛們需要找出方法以保存其文化傳統。培養新的喇嘛不成問題，因為不斷有人加入宗教生活行列，今天亦復如此。然而當這些重要西藏寺院及他們所擁有的東西都不存在了，今後要如何支持這些僧侶呢？西藏傳統獨一無二的經文，既毀了要如何重建呢？西藏人很快就發現這個答案繫於西方社會。

因此在西元一九六○年代，西藏喇嘛開始在西方社會活動。早期最有名的弘法喇嘛是丘揚創巴（Chogyam Trungpa，1939-87），他是噶舉派的轉世活佛。他在西元一九六七年蘇格蘭佟福雷斯郡桑邁臨市（Samye Ling）建立了亞洲以外的首座西藏寺院。從這個小小的起點開始，他創立了影響深遠的金剛乘組織，在西方致力傳揚西藏佛教。一次嚴重的車禍，導致他終生無法復元，後來他就結婚了，離開

英國前往美國。人數衆多的格魯巴派，較遲派人至歐洲及新世界。這個宗派第一位在西方社會收弟子的老師是圖滇耶喜（Thubten Yeshe，1935-84）及他的門徒卓巴仁波切（Zopa Rimpoch，1946-）。他們在西元一九七一年創立護持大衆部法脈基金會，同時創立備受敬重的智慧出版社。目前這個出版社設址於波士頓。

然而西藏佛敎眞正蓬勃發展是在美國。在西元一九五一年，一群卡米克人（Kalmyks）逃離戰後的蘇俄，在紐澤西安頓下來。由於卡米克人好幾百年來都是西藏佛敎的信徒。他們便在這裡建立美國的第一座藏佛寺廟，由格魯巴喇嘛葛喜·旺哥爾（Geshe Wangal，1901-83）當住持。西元一九六七年，葛喜·旺哥爾的弟子葛喜·索巴（Geshe Sopa，1923）獲加拿大一位重要佛學研究者理察·魯賓遜（Richard Robinson）邀請，到威斯康辛大學成立的佛學研究計畫任敎，首開西藏人及西藏佛敎正式在美國弘法的風氣。在西元一九八一年時，葛喜·索巴安排達賴喇嘛訪問美國。同年，達賴喇嘛在美國主持時輪金剛灌頂儀式，據說約有一萬二千人參加。

西元一九七〇年崇揚創巴不堪其歐洲機構內訌不斷，乃移民美國。在科羅拉多州包德爾市（Boulder）他建立了新的國際金剛乘組織。他的美國弟子歐塞爾·田德津（Osel Tendzin，1945-90）繼承他的職位，繼續領導這個組織。不過，田德津的生活放蕩及後來因AIDS而死的事實，顯示西藏傳統敎導對上師完全服從有其危險性。其他較爲正統的是格魯巴大師卡魯·仁波切（Kalu Rinpoche，1904-89）。在此人的高尙品德及其嚴格的傳統藏佛訓練方法下，已經產生了第一批眞正受過訓練的西方金剛乘喇嘛，他們足以勝任經營

自己的訓練機構。

　　寧瑪派(Nyingma)藏傳佛教也在美國找到了新的生活方式。西元一九六九年，塔爾桑(Tarthang)轉世活佛在加州柏克萊建立了西藏寧瑪派機構。不久就有這個宗派的著名老師繼他之後來到該機構，包括至高領導者。塔爾桑的主要計畫之一是編輯出版大量寧瑪經文全集，這個目標目前即將完成。這個計畫跟其他類似出版「智慧書刊」等事業確保了無限豐富的西藏佛教經文傳統將得以永傳後世。

　　最後，我們得談談淨土宗的未來。目前它已是美國宗教的一部分，因為自西元十九世紀中葉，中國及日本工人紛紛到美國的在鐵路公司及夏威夷的蔗園工作以來，便引進了淨土宗。長期下來，淨土宗不只在西方社會，甚至在其發源地，都已添加了很多讓人連想到基督教的東西。整體而言，淨土宗多半只見於亞裔社區。大部分為佛教所吸引的非亞裔人士，是為其迥異於基督教及猶太教中心訓示的基本差異所吸引。因此，外表許多地方與基督教、猶太教傳統頗多相似之處的淨土宗，似乎不像異國風味十足的其他佛教宗派來得吸引人。不管怎麼說，淨土宗的傳統信徒仍然眾多，尤其是美國佛教教會(創立於1889)名下的日本淨土眞宗。

廿一世紀的佛教

舊酒新瓶

Buddhism in the Twenty-First: Old Wine in New Bottles

面對萬變世界的挑戰

佛教無異於其它的世界宗教，它必須面對世界及時機的挑戰。廿世紀的佛教未被善待，大多數的佛教世界由於政治及社會的變遷而消失。中國就是一個好例子。佛教在中國曾經一度廣為流行，但在中共接掌政權後，佛教（及所有其他宗教）就有計畫地受到鎮壓。所以，我們現在很難知道還有多少佛教徒在那個大國裡。正如我們所看到，西元一九五一年中國共產黨不容西藏佛教立足，他們通常使用非常暴力的手段，嘗試完全剷除佛教。同樣地，西元一九七五年至一九七九年間，高棉赤棉政權的極致暴行，使得幾乎全部高棉佛教僧侶以及也許半數的高棉人口都遭到殺戮了。這段期間結束後，原有的八萬名僧侶，僅有幾百位存留下來。在中國、高棉及西藏，寺廟被摧毀，經文被燒掉，有價值的佛教

文化融合的
西方佛教

西方佛教的發展有一個值得注意的特色，那就是從事佛教教導工作的女性導師已扮演舉足輕重的角色。儘管女性從未被排除於佛教之外，但大部分亞洲社會以男性爲導向的本質，卻使得女性在宗教事務上居於次要地位。在西方情形並非如此。很多佛教學者先驅像凱洛琳·萊思—大衛茲（Caroline Rhys-Davids，1858-1942）及霍娜（I.B. Horner，1896-1981），仍然以其傑出學者地位受到景仰。此外，西方女性成爲宗教導師者也不乏其人。

茲舉特別有趣的一個例子說明。吉優·肯妮特·羅西（Jiyu Kennett Roshi）原名珮琪·德雷莎·南西（Peggy Teresa Nancy，1924-96）。她出生於英國，起初她在倫敦三一音樂學院（London's Trinity College of Music）學習西方音樂。由於逐漸不滿西方世界的生活，她開始研究佛教。她是受到日本及韓國禪宗大師認可的第一批允許教導佛教的女性之一。西元一九六九年，她來到美國並且在北加州創立了雪斯塔（Shasta）寺院。從此她的組織—「佛教禪修院」建立了很多其他寺院及寺廟。她也寫了很多書，如《禪是永恆的生命》（*Zen is Eternal Life*），《蓮花開盛之道》（*How to Grow a Lotus Blossom*），及《日本簡記》（*Diaries of Years in Janpan*）。

有人也許認爲雪斯塔寺院是日本寺院的信徒休養處，但事實並非如此。肯妮特·羅西在她事業的早期就已決定教需

北加州雪斯塔寺的僧侶與女尼正在照護嬰兒，此寺廟嘗試將佛教修行融入古典的西方傳統。

要調整以適應西方特有的環境。對於受過西方古典藝術及音樂薰陶的她而言，這意味保留西方的形式，但以佛教的精神融入這種形式。因此，我們會發現在雪斯特寺院的僧侶及女尼穿的是與基督教宗教團體人所穿類似的會服。同樣，各種禮儀所播放的音樂是依據葛利格（Gregorian）清唱音樂而非東方音樂。有人可能會質疑，為了適應西方社會而將佛教改頭換面的作法是否合適。因為事實上，這些形式的已不再吸引大部分的人。不管怎麼說，肯妮特·羅西嘗試將佛教精神納入西方傳統文化的作法，顯示了美國佛教活力充沛的精神，並為未來佛教的發展指示了途徑。

藝術品則賣給了出高價的人。

像這種顯然要摧毀佛教的行徑雖然恐怖，然而比這種暴行有過之而無不及的是更為一致且更微妙的攻擊。這種攻擊經由西方文化為媒介而達到目的。隨著米老鼠與熱門流行歌曲巨星麥克·傑克遜的西方文化抬頭，西方的消費主義發揮影響力，它與佛教的價值觀完全對立。佛教價值觀傳揚的是簡樸、寧靜及減少物慾。然而在亞洲社會淪為可口可樂殖民地之後，搖滾樂錄影帶、西方的夜總會及昂貴的電子產品到處充斥。儘管這些產品的本身並不是不好，但對於傳統佛教價值所提倡的簡樸，及從感官世界中解脫，這些東西似乎並不搭調。

他們認為人類快樂的本質就是追求「物質」以此取代佛教的理想。這種觀點就如同一位好嘲諷的哲學家所說的，「人死的時候擁有最多玩具的人，是贏家」。與這些西方文化價值同時出現的是支持這種文化價值的世界觀，這種講求科學的世界觀並不重視宗教價值觀，它強調的是物質界，它很有力地影響很多佛教國家的知識階級。這些知識份子在很多場合都反對佛教，視之為鄉下農民的迷信。這也對佛教造成不利的影響。因此，我們是否該擔心佛教會如同在它之前的宗教一樣，有朝一日將消失了呢？答案是這種情形不可能發生。由過去幾世紀得到證明，佛教對新文化有高度適應性。正如我們所知道的，它從印度本土開始傳遍了大部分亞洲國家，適應各地的新文化及新語文。在這種過程中，它變成這些文化的一部分。甚至到現在，它還在蛻變及調適中。佛教隨各種不同的亞洲文化進入歐美社會，以嶄新的概念大力復興，成了這些文化中獨特的一部分。

同樣的，佛教在其家鄉也正在調整適應本國環境的變化。多年來被視為與世俗社會不同流的佛教，如今許多佛教群體十分關心世俗社會問題。泰國的情形就是一個好例子。泰國的經濟正在轉型，由農業社會過渡到工業社會。但正如歐洲工業革命帶給西方人的影響，這種改變通常會帶給人類在生活品質方面付出的巨大的代價。泰國正在找解決問題的出路。一個特別嚴重的問題是生態問題。泰國大部分地區的森林被砍伐了，為的是要滿足日本及其他地區木製品的需求。而這又造成其他如土壤侵蝕的問題。為了要解決這些問題，佛教團體以僧侶為首，大力強調因國家迅速工業化所造成的環保問題。他們使用非暴力但創新的技巧，如祝聖樹木（甚至西化的泰國人至今仍尊重僧伽，不會砍下「經祝聖」的樹），這些群體基於佛教徒對於所有生命一體的尊重，積極提倡自然資源的健全使用等。

　　在斯里蘭卡，寺院的組織愈來愈投入全島很多小鄉鎮社區的衛生及其他社會問題。傳統上，佛教僧侶與在家人的關係僅限於教導與傳教，現在有很多僧侶願意關心更多的俗世問題。茲舉兩個例子說明：是關於斯里瓦達納拉馬（Sri Wardhanaramaya）寺院的尊者潘迪塔‧瓦葛窪哥達‧溫馬拉布多‧西羅（Pandita Walgowwagoda Wimalabuddho Thero）及康地‧阿斯吉里大（Asgiri Mahavihara）寺院的尊者美達哥馬‧達磨難陀‧西羅（Medagama Dhammananda Thero）。

　　潘迪塔‧溫馬拉布多（Pandita Wimalabuddho）是斯里蘭卡佛教團體最高委員會委員，然而他關注的不完全是修行的事。他推動支持的計畫之一就是與日本佛教組織聯合協力對抗斯里蘭卡鄉間的眼疾問題。島上屬於潮濕的熱帶型氣候，

眼疾問題始終存在，如果不予治療則會導致失明。治療只須塗上抗生素藥膏，儘管相對便宜，但貧窮的農民仍無力負擔，即使他們真正了解這種疾病的嚴重性。在慷慨的日本佛教徒支援下，抗生素被送到斯里蘭卡，分送到各個村落。

斯里蘭卡的佛教徒致力解決的當代問題不只上述一個實例。尊者達磨難陀代表橫掃佛教僧侶階級的改變。受過良好教育的年輕尊者達磨難陀不以留在斯里蘭卡為滿足，他來到台灣親自體驗台灣的佛教發展。回到斯里蘭卡，他開始與在家人一起從事各種社會工作。他象徵整個年輕一輩僧侶態度的改變，也就是說佛教要求僧侶關心俗世事物，而非從世界退出。這種態度非僅宗教界獨有。在斯里蘭卡還有一個由在家佛教徒組成的，為了正視鄉間社會經濟問題的「薩爾瓦達亞」（Sarvodaya）運動。這一切在在顯示，佛教與這個古老社會環境的關係展開了新頁。

佛教的重新定位並不只發生在傳統的佛教國家。美國的佛教導師及居士們針對在很多社會議題發出勸導的聲音。佛教徒幫助愛滋病（AIDS）患者就是一個好例子。當愛滋病出現在美國地區時，似乎那是一種幾乎只有男同性戀者才會感染的疾病。因為同性戀行為是傳統基督教所譴責的，因此鮮為美國大眾所了解或重視。愛滋病是通常也遭到傳統精神關懷者所孤立。而當愛滋病擴展及靜脈注射吸毒者時，得愛滋病是「有罪」的報應的刻板印象更為普遍。

第一批對抗這種流行趨勢的宗教團體是美國佛教徒。整體而言，由於佛教並沒有罪的概念而且不指責同性戀，對愛滋病並沒有視之為可恥或正義的處罰。相反的，只視之為人類存在的痛苦本質的另一例子。凡是得愛滋病者，基於同胞

愛，依然需要人的憐憫心善待。因此，修行的佛教徒，包括同性戀者及異性戀者，都對愛滋病人積極關懷照顧。不用說，這些行動，以及其他類似幫助無家可歸者的活動，都大大的提升了佛教在歐美地區的聲譽。

佛陀永垂不朽的教導

是什麼因素使得佛教持續發揮魅力，尤其是讓歐美人士愈來愈受其吸引呢？答案很簡單。兩千五百年前佛教首次正視的問題，至今我們或多或少依然面對，而且沒什麼改變，人們仍然質疑生命的本質及其最終的意義，人們仍然不解為何善人受苦而惡人並未受到應有的懲罰。人們仍在納罕自然不止的力量及其與人類存在的關係。對許多追尋者而言，佛教對實相的分析以及教導人類從痛苦中達成超越的務實計畫都很吸引人。然而其他宗教，像伊斯蘭教、基督度及印度教也都針對這些問題作了回答。到底佛教的獨特點是什麼呢？

佛教之所以吸引很多人，尤其是在西方社會的科學環境中長大的人們，有一個特徵就是佛教不提「超自然」的觀念。超自然將現世與一些看不見的、完全的它者、實體一分為二。佛教徒說，宇宙是個巨大的系統，其中包含無數過程，而非物質。

對佛教徒而言，一個人無法改變因果定律的鐵則，正如同一個人無法廢止地心引力定律。這樣的觀點十分吸引些受過科學訓練的西方人的心靈。其他宗教依賴於未經證實的（或無法證實的）至高神祇概念，佛教則無此需要。此外，從一般接受的物理定律而來了解佛教，似乎也較為容易，這些物理定律似乎愈來愈支持佛教很多有關宇宙本質的論點，而

有神論則不然，在很多方面，佛教的原則，像是因果關係，似乎僅是應用於形而上領域的物理定律。因此，對許多人而言，佛教是一種愈來愈可接受的宗教選擇，因為它是如此的「非宗教性」，並不具備很多西方人認為宗教必備的特色，例如至高神祇。

佛教備受歡迎的另一個理由是，它傾向個人獨修而非團體集體表達宗教情感。在西方宗教當中，重要的宗教行為被界定為在團體中發生。基督徒及猶太教徒每週要參與聚會彼此加強聯繫。另一方面，佛教視為個人的行動宗教活動之一。當然，個人也有機會與社團的信徒聯誼，從信眾團體得到支持。然而任何人即使未曾遇見另一位相同宗教信仰的人，他依然可以成佛教徒。佛教重視的是個人的內在修行功夫。

在歐美個人主義抬頭的社會裡，這絕對是個優勢，尤其是當個人要求擁有更多屬於自己的時間，以及原本配合農業社會緩慢步調，舉行的堂皇猶太教及基督教節慶儀式，在工業社會中變得愈來愈不切實際。

還有，個人可以自行選擇修行時間的多寡。大部分的西方宗教都得在正式的儀式內舉行，但是佛教徒不需借助於任何儀式即可修持(雖然在傳統的佛教國家甚少人會選擇儀式來協助修行)。在另一方面，那些希望有正式儀式幫助他們禪修的人也很容易如願。佛教有一種可適合所有人的儀式，從相對刻苦的上座部佛教儀式，到莊嚴複雜的西藏佛教儀式無所不有。

佛教對個人的重視也在其他方面表現出來。佛教沒有其他宗教所有的那種固定偏見，因此，不同種族、性別、性別

傾向及不同生活型態的人都可以在佛教找到支撐點，這是在西方宗教裡無法找到的。這並不是說佛教不像其他宗教是一個完全沒有偏見的宗教─事實上在斯里蘭卡，我們就可以找到很多偏見造成動盪不安的例子。而是說，沒有經文或習俗認同這樣的偏見。在很多經文裡，我們還可以發現到對偏見行為的責難。沒有一位佛教徒可以藉著迫害其他宗教的人，而能在修行上成長的。實際上正好相反。

另外一個吸引人的佛教特性是佛教長久以來使用世俗語文，而非只有少數專家才了解的超凡語文。這意謂所有佛教徒都能方便取得佛教經文，從事研究與反省功夫。這並不是說所有佛教經文的品質及重要性是一致的。而是說在佛教裏，儀式的語文並未獲得特別待遇。佛教翻譯經文其權威性就如同原文一樣。此外，佛教沒有居中的牧師職位，這表示佛教徒擁有相同的潛力可去完成對實相的體會，而不須依賴他人。

也許佛教最偉大之處在於它對和平的貢獻。過去一百年來，我們的世界爆發了兩次世界大戰及無數小衝突，佛教徒呼籲和平不遺餘力。佛教領袖如越南的一行禪師（Thich Nhat Hanh）及達賴喇嘛，對和平所做的貢獻，使他們經常獲提名接受最高榮譽。這些領袖人物不只傳揚人與人間和解的訊息，他們也積極為地球上許許多多無聲的居民主持正義，要求人類要以期待別人尊重我們的相同態度，善待其他動植物及環境。在這方面，他們對人類無論是彼此相待或對地球極盡剝削之能事，提供了一個清楚明確的出路。

因此，我們堅信佛教必定會持續有力的號召建設一個較為溫和的世界。只要有關人類生存的問題繼續存在，佛教都

會在每一世代找到宣揚希望、和平、慈悲的訊息。它也能持續提供人們對應人生很多失望及悲劇的方法，以及人類與這個世界互動的可行模式。對這些人而言，佛教將永遠是一個包含許多途徑的宗教，但是其目標只有一個——那就是和平。

小詞典

Abhidharma　**阿毘達磨**　佛教經律論三藏之論藏，或稱為阿毘達磨，主要探討哲學問題。

abhiseka　**灌頂**　（字義為「灑」）金剛乘佛教的主要儀式，對學生行灌頂禮，助其達到更高層的修行。灌頂的次數依傳統不同而有別。

ahimsa　**不殺生**　最早由耆那教倡導的原則，主張對其他生物不行暴力。「不殺生」已成了當今佛教主要教義。素食主義的修行法即根據此一原則發展而成。

Amidabutsu　**阿彌陀佛**　（日語發音）；（無量光佛）淨土宗的主要人物，佛教徒在他住世支配的淨土中，將無限容易地達成涅槃。

anatman　**「無我」**　佛教徒認為沒有永遠不朽的靈魂，靈魂只不過是感官與過程因緣和合的一團雲，但被人類誤認為是永恆不變的。

anitya　**「無常」**　佛教徒認為吾人經歷的世事萬物都是暫時性的。

arhant　**阿羅漢**　上座部佛教形容已經達到涅槃境界的人。

atman　**「自我」**，印度教主張人有不朽的靈魂，就某意義而言，個人靈魂與「大梵」有關。

Bodhisattva　**菩薩**　在大眾部佛教中，形容一個已經完成一切必要準備進入涅槃，卻為了協助其他人達到涅槃，而選擇延後進入涅槃的人。

Brahman　**大梵**　在印度教中，指的是宇宙發生的根本原則。又指終極實體而言。

Brahmanism　**婆羅門教**　印度教的第一階級，其特徵是由婆羅門主持複雜的祭禮。

brahmins　**婆羅門**　印度教中的最高階層，祭司階級。

caste　**種性制度**　印度的觀念，認為社會應可分成四個世襲階級。

Dalai Lama　達賴喇嘛　西藏佛教格魯派的領袖，今天西藏佛教公認的精神領袖。現任達賴喇嘛是第十四世轉世喇嘛。

dana　布施　在上座部佛教中，在家佛教徒最重要的德性，包括隨喜地供養佛教僧侶。

Dhyana Buhhda　禪師　宇宙的諸佛而非我們自身的釋迦牟尼佛。他們的名號大部分來自於一個事實：此即佛教弟子入定時經歷到的。在淨土宗傳統中，宇宙的話佛具有重要的地位。

dorje　寶杖　西藏佛教禮儀中所用的法器，通常用右手持拿。

duhkha　苦　佛教認為這個世界苦多於樂。

Eightfold path　八正道　佛陀稱離苦的修行之道，是解脫人生欲求不滿困境的正確八種範疇的方法。

Enlightenment　開悟　佛陀修行的最終目的。是對世界種種不同實相的了悟。佛教徒對開悟的概念有許多不同的說明。

Five Precepts　五戒　所有佛教徒均應遵守的道德，包括不殺生、不說謊、不偷盜、不邪淫、不飲酒。

Four Noble Truths　四聖諦　佛教思想的基礎：1.生命是不得滿足的（苦），2.不滿足的原因是愛欲（集），3.有方法可以跳脫無盡期的生死輪迴（滅），4.這個了脫生死的方法就是八正道（道）。

ghanta　寶鈴　西藏佛教儀式中使用的法器，常以左手執握。

guru　上師　特別指宗教導師。佛教認為，修行絕對有必要依賴師父指點。

Heart Sutra　心經　佛教禪宗最主要的經文，經文甚短，可以在大多數禪宗佛教儀式中從頭到尾誦念。

Jains　耆那教徒　早期的「沙門」團體，他們的組織與教義有許多地方與佛教類似。

Jatakas　本生經　講述佛陀前生之故事的經典。這些故事常帶有訓誨訊息，但同時也為佛教社會提供娛樂功能。

karma　業　指行為一定會造成無可避免的後果，即使在現世未得報應。業是印度宗教對於惡問題的答案。

koan　公案　禪宗常用的提問方式，藉此訓練修行者「揚棄」邏輯推理心智活動。公案的問題，通常沒有真正的答案。

Lotus Sutra　**妙法蓮華經**　天台宗的重要經文。此一經文始於印度，但在中國廣揚發展。

lotus position　**蓮花坐**　禪定最常使用的盤腿坐姿。

Mahayana　**大衆部佛教**　又稱大乘佛教(字意是大車乘)，主要遍傳於中國、韓國、越南以及日本。

mandala　**曼荼羅**　一種神聖的圖畫或設計，是提供修行者通往實相的「地圖」。西藏佛教常在修行中使用的壇場。

mantra　**真言**　音譯 曼佗羅。一種神聖的方式，提供祭司與終極實體契合的一條「路徑」。在西藏佛教修行者皆常使用。

mindfulness　**正念**　所有佛教徒的修行基礎，指一個人必須保持「覺醒」，即意識清楚、分明的生活。

mudra　**打手印**　雙手作成的姿勢。在西藏佛教儀式中特別重要。

Nirvana　**涅槃**　與我們目前所居處的「輪迴」世界正好相反的狀態。是佛教修行努力的目標。佛教徒只說涅槃境界無論在那方面都與此世體驗到的狀態有所不同，除此之外，對涅槃少有著墨。

pali　**巴利文**　梵文方言的一種。巴利文是最古老的佛教經文所用的語文，也是上座部佛教所用的神聖語文。

phurba　**匕首**　西藏佛教儀式中用來斬斷「無明」的法器。

poya days　**布薩日**　上座部佛教的「禮拜天」，在陰曆每個月的初一與十五。在這兩天，虔誠佛教徒都會舉行各式各樣的宗教活動，包括供養僧侶、聆聽講經說法以及嚴守五戒。

pratitya-samutpada　**緣起**　佛教觀念認為這個世界並非實在的，只不過是由無止盡的一連串環環相扣的事件所組成而已。

puja　**禮佛**　在印度教與佛教中，為尊崇聖人所舉行的儀式。

punya　**功德**　善行能有功德的觀念。在上座部佛教中，這個功德至少能夠用來跟諸神「交易」，以換取物質上的利益。

Pure Land Sutras　**淨土經**　盡述淨土宗的經書，這些經文係各派淨土宗的基礎。

reincarnation　**輪迴**　在所有印度宗教中非常普遍的觀念，指人在死後還會再「投胎」爲人。這非但不是一件好事情，還被視爲應該想盡一切辦法力求解脫。

Rig Veda　**《黎俱吠陀》**　印度最古老的經書。

Rinzai　**臨濟宗**　禪宗兩大宗派之一，臨濟宗在修練中廣泛的運用公案。

samsara　**輪迴**　指我們所經歷的世界，必須盡速解脫。

Sangha　**僧伽**　嚴格講指所有佛教徒而言。但是在修行方面，特別指接受圓頂落髮的比丘、比丘尼。

Sanskrit　**梵文**　印度教最神聖的語文，也是印度一般使用的語文。這種印歐語文與英文、西班牙文及法文有點關連。

samadhi　**三摩地、三昧**　佛教徒靜思入定的兩階段中屬於較初級的境界，主要是靜下心來。

skillful means　**善巧方便**　各種佛教通用的名詞，但是大衆部佛教特別重視這個觀念，此即一個佛教聖者高人能夠利用顯然是錯誤或不道德的行動，來引導弟子在宗教生活方面更上一層樓。

sky burial　**天葬**　西藏佛教信仰認爲讓死者暴露野外，讓鳥類來食屍身腐肉，這樣的行爲將使死者在下一世積善業。

Soto　**曹洞宗**　禪宗的第二大宗派，不像臨濟宗，這一派傾向於不用公案，而僅專注於「只管打坐」。

Sramanas　**沙門**　從印度教的婆羅門分離出來的宗教旁支，由沙門發展出佛教與耆那教。

stupa　**浮圖**　在佛陀遺骸上隆起的大大土墩，常是朝聖盛地。

sunyata　**空性**　大衆部佛教的觀念認爲，追根究底無一物本身存在著自

我。

Sutras　　經　《三藏》中的第二部，彙集了佛陀的講經與說法。

Tantra　　怛特羅（密教）　佛教與印度教常見的一種宗教修行方式，特別強
　　　　　調由個別修行者執行繁複的禮儀。

Theravada　上座部佛教　最古老的佛教制度，特別強調禪定與戒律的生
　　　　　活方式。這一派佛教主要傳入斯里蘭卡、緬甸、泰國、寮國
　　　　　與柬埔寨。

Three Marks of Existence　三法印　佛教的根本哲學基礎，包括 1.物質世
　　　　　界無常， 2.人生終極而言並不令人滿足， 3.人
　　　　　沒有永恆不變的靈魂，從一世到另一世，人的
　　　　　靈魂變動不已。

Three Refuges　三皈依　公開宣明忠於佛陀、忠於他的教導，以及佛教修
　　　　　道團體。

Tripitika　三藏　佛教經典。指《經》、《律》、《論》三部，每一部都
　　　　　存放在不同的簍子中。

trsna　愛欲　佛教觀念認為所有的痛苦均源自愛欲或貪圖擁有。

tulku　轉世活佛　西藏喇嘛寺的轉世活佛，達賴喇嘛是西方最熟知的轉世
　　　　　活佛。

twilight language　暗晦文字　在金剛乘佛教中有一種故意隱晦不明的寫作
　　　　　法，目的在保障其教義，讓未被認可的修行者不得其門
　　　　　而入，這些暗晦的文字只能由上師或導師開示。

Upanishads　奧義書　吠陀時期（約800-400BC）的末期首次闡釋的一連串
　　　　　哲學著作。其中許多觀念與佛教及耆那教文學的觀念相似。

Vajrayana　金剛乘佛教　佛教第三大宗派，也是晚近分出來的一個教
　　　　　派。金剛乘佛教特別強調儀式。過去的信眾比現在廣泛，目前
　　　　　大半只有西藏地區信奉金剛乘佛教。

Vinaya　律　佛教《三藏》中的第一部就是《律》，《律》包含了有關比
　　　　　丘與比丘尼的戒律。

Vipasyana　**毘婆舍那**　佛教徒禪修的第二階段，屬於較高層次，目的在於引導修行者開悟。

yidam　**本尊**　指西藏佛教個人遵奉的神祇，這個神祇對修行者的禪修與儀式生活有主要影響。

Yoga　**瑜伽**　為幫助修行者證入實相的一連串修練方法。印度教與佛教都採用瑜伽修行。

Zen　**禪**　大眾部佛教的一個宗派，禪宗強調禪定，而不著重經文鑽研。禪宗最主要盛傳於中國、韓國與日本，近幾年來，禪宗更是在歐美地區發揮非常大的影響力。

發音指南

This guide gives an accepted pronunciation as simply as possible. Syllables are separated by a space and those that are stressed are printed in italics. Letters are pronounced in the usual manner for English unless they are clarified in the following list:

a   fl*a*t
ă   *a*bout (unaccented vowel)
ah   f*a*ther
ai   th*e*re
ay   s*ay*
ear   n*ear*
ee   s*ee*
i   p*i*ty
ō   n*o*
oo   f*oo*d

Abhidharma: ă bee *dahr* mă
abhiseka: ă bee *shay* kă
ahimsa: ah *him* să
Amidabutsu: ă *mee* dă boot soo
anatman: ăn *aht* măn
anitya: ăn *ee* tyah
arhant: *ahr* hant
atman: *aht* măn
Bodhisattva: bō dee *saht* vah
Brahman: *brah* măn
koan: *gō* ahn
Mahayana: mah hah *yah* nah

brahmins: *brah* minz
Dalai Lama: *dahl* ee *lahm* ah
dana: *dah* nă
Dhyana Buddha: dee *ahn* ă *boo* dă
dorje: *dōr* jay
duhkha: *doo* kă
ghanta: *gahn* tă
guru: *goo* roo
Jatakas: *jah* tă kăz
karma: *kahr* mă
samadhi: să *mah* dee
Soto: sō tō

mandala: *mahn* dă lă
mudra: *mood* rah
Nirvana: *near* vah nă
Pali: *pah* lee
phurba: *poor* ba
pratitya-samutpada: pra *teet*
    ya-sah mut *pah* da
puja: *poo* jah
punya: *poon* yă
Rig Veda: rig *vay* dă
Rinzai: rin zah *ee*
samsara: sahm *sah* rah
Sangha: *sahn* gă
Sanskrit: *san* skrit

Sramanas: *srah* mă năz
stupa: *stoo* pă
sunyata: *soon* yă tah
Sutras: *soo* trahz
Tantra: *tan* tră
Theravada: tai ră *vah* dă
Tripitika: tri *peet* ik a
trsna: *trish* na
tulku: *tool* koo
Upanishads: oo *pah* ni shădz
Vajrayana: vahj ră *yah* nă
Vinaya: *vi* nă yă
vipasyana: vi *pah* să nă
yidam: *yi* dahm

節慶日期

季節/日期	節慶
上座部佛教節慶	
陰曆初一與十五日	布薩日：在家信眾在這兩天必須守五戒：不撒謊、不殺生、不偷盜、不行邪淫或者吃藥、喝酒。同時必須去聽講經，撥出一點時間來禪修。
陰曆五月十五日	衛塞節：這一天必須紀念佛陀的誕生、證得正覺以及去世，信徒相信這三樣事情都發生在同一天(雖然年份不同)。
陰曆六月十五日	結夏安居日：從這一天起展開長達三個月兩季的結夏安居，僧侶們必須退出社會活動，展開密集的禪修。結夏安居結束之日，在家信眾帶給僧侶新的袈裟。 伯勝節：這一天在斯里蘭卡要舉行紀念佛陀教誨於西元前第二世紀傳入的伯勝(Poson)慶節。 耶薩拉節：只有斯里蘭卡舉行耶薩拉(Esala)慶節，特別是在康地會舉行盛會。
大眾部佛教慶節	
陰曆四月八日	活佛節慶祝佛陀誕辰。
陰曆二月十五日	佛道成道日：紀念佛陀證得正覺。
陰曆十二月八日	佛陀暝誕：紀念佛陀去世，同時展開長達一週的密集禪修活動。

陰曆七月十三日	盂蘭盆會：重要的四天慶節，紀念佛陀弟子之一(即目犍連)的母親被救出地獄。在日本，這一天要舉行紀念去世祖先的祭祖活動。

禪宗節慶	
陰曆一月十日	紀念臨濟禪師(日本禪師)
陰曆五月廿一日	紀念淨土宗親鸞祖師
陰曆八月十五日	紀念曹洞宗的瑩山禪師
陰曆八月廿八日	紀念道元禪師
陰曆十月	紀念第一位將禪宗傳入中國的菩提達摩禪師
陰曆十一月廿二日	紀念臨濟宗的大燈禪師

藏傳佛教節慶	
(西藏佛教的曆法採用西藏曆法，因此所有慶節日期每年變動甚大。)	
一月四日	曼連乘摩(Monlam Chenmo)節開始。
四月九日	紀念佛陀誕辰。
四月十五日	紀念佛陀證得正覺與去世。
五月十五日	供祭當地神祇與女神。
十月廿五日	紀念格魯派祖師宗喀巴去世。
七月六日	(陽曆)現任達賴喇嘛生日。

參考書目

General References

I. FISCHER-SCHREIBER, F.-K. EHRAND, and M. S. DIENER, *The Shambhala Dictionary of Buddhism and Zen.* Trans. by Michael H. Kohn (Boston: Shambhala, 1991)
An indispensable reference text.

RICHARD H. ROBINSON and WILLARD L. JOHNSON, *The Buddhist Religion*, 3rd ed. (Belmont, CA: Wadsworth Publishing Company, 1977)
The standard scholarly introduction to Buddhism.

SANGHARAKSHITA, *The Eternal Legacy: An Introduction to the Canonical Literature of Buddhism* (London: Tharpa Publications, 1985)
An excellent introduction to the extensive Buddhist collection of scriptures.

JOHN SNELLING, *The Buddhist Handbook: A Complete Guide to Buddhist Schools, Teaching, Practice, and History* (Rochester, VT: Inner Traditions, 1991)
Full of practical information on current Buddhist masters and organizations.

JOHN S. STRONG, *The Experience of Buddhism: Sources and Interpretations* (Belmont, CA: Wadsworth Publishing Company, 1995)
An excellent introduction to Buddhist thought based on primary texts.

Current Buddhist Practice

ROBERT E. BUSWELL Jr., *The Zen Monastic Experience* (Princeton: Princeton University Press, 1992)
A detailed examination of the life of a Zen monk by a scholar who lived it.

JACK KORNFIELD, *Living Buddhist Masters* (Boulder, CO: Prajna Press, 1983)
Discussion of a number of Theravada Buddhist teachers and their practices.

GLENN H. MULLIN, *The Practice of Kalachakra* (Ithaca, NY: Snow Lion Press, 1991)

2: The Roots of Buddhism

MICHAEL CARRITHERS, *The Buddha* (Oxford: Oxford University Press, 1983)

WALPOLA RAHULA, *What the Buddha Taught*, 2nd rev. and expanded ed.(New York: Grove Press, 1974)
Still one of the best introdctions to early Buddhist thought.

NINIAN SMART, *The Religions of Asia* (Englewood Cliffs, NJ: Prentice Hall, 1993)
An excellent introductory overview of the Asian religious milieu from which Buddhism emerged.

3: The Early Historical Development of Buddhism

KENNETH CH'EN, *Buddhism in China: A Historical Survey* (Princeton: Princeton University Press, 1964)
Still the best introduction to the subject.

AKIRA HIRAKAWA, *A History of Indian Buddhism: From Sakyamuni to Early Mahayana*. Trans. and edited by Paul Groner (Honolulu: University of Hawaii Press, 1990)
A clear discussion of the subject.

JOSEPH M. KITAGAWA, *Religion in Japanese History* (New York: Columbia University Press, 1990)

DAVID SNELLGROVE and HUGH RICHARDSON, *A Cultural History of Tibet*, rev. ed. (Boston and London: Shambhala, 1968)

PAUL WILLIAMS, *Mahayana Buddhism* (London and New York: Routledge, 1989)
A good examination of the doctrinal development of this school.

4: Modern Buddhism: Many Paths, One Goal

STEPHAN BATCHELOR, *The Jewel in the Lotus: A Guide to the Buddhist Traditions of Tibet* (Boston and London: Wisdom Publications, 1987)
A comprehensive overview.

ALFRED BLOOM, *Shinran's Gospel of Pure Grace* (Tucson, AZ: University of Arizona Press, 1965) Still a valuable resource.

RICHARD H. GOMBRICH, *Buddhist Precept and Practice: Traditional Buddhism in the Rural Highlands of Ceylon* (Oxford: Oxford University Press, 1971)

A useful study of Theravada Buddhism as it is actually practiced.
TREVOR LEGGETT, *Zen and the Ways* (London: Routledge and Kegan Paul, 1978)

5: Buddhism and the Challenge of the Modern World

RICHARD H. GOMBRICH, *Theravada Buddhism* (London and New York: Routledge, 1988)
A study of the development of Theravada Buddhism in India and Sri Lanka.
SHIGEYOSHI MURAKAMI, *Japanese Religion in the Modern Century*. Trans. by H. Byron Earhart (Tokyo: University of Tokyo Press, 1980)
DONALD K. SWEARER, *The Buddhist World of Southeast Asia* (Albany: The State University of New York Press, 1995)
An examination of Buddhism in modern Southeast Asia.
CHRISTOPH VON FÜRER-HAIMENDORF, *The Renaissance of Tibetan Civilization* (Oracle, AZ: Synergetic Press, 1990)
A sympathetic study of the Tibetans' efforts to reconstruct their religion after the Chinese invasion.
HOLMES WELCH, *The Practice of Chinese Buddhism, 1900–1950* (Cambridge, MA: Harvard University Press, 1967)
Takes up where Ch'en leaves off.

6: Buddhism in the Twenty-First Century: Old Wine in New Bottles

CHRISTINE FELDMAN, *Women Awake* (London: Arkana, 1989)
Looks at the emerging role of women in Buddhism.
RICK FIELDS, *How the Swans Came to the Lake*, 2nd rev. and expanded ed. (Boston: Shambhala, 1986)
The definitive study on the spread of Buddhism in North America.
KEN JONES, *The Social Face of Buddhism: An Approach to Social and Political Activity* (Boston and London: Wisdom Publications, 1989)
DON MORRALE (ed.), *Buddhist America: Centers, Retreats, Practices* (Santa Fé, CA: John Muir Publications, 1988)
For those who want to pursue a more "hands on" study of Buddhism, this is the place to start.
THICH NHAT HANH, *Being Peace* (Berkeley, CA: Parallax Press, 1987)
Anything by this great contemporary Vietnamese Buddhist teacher is worth reading.

中文索引

一至三劃

一行禪師 Thich Nhat Hanh 118

人骨 bones, human 32

八正道 Eightiold Path 21, 48

三十三相 Auspicrous Features, Thirty-Three 44

三法印 Three Marks of Existence 47

三皈依 Three Refuges 73

三摩地 samadlu 99

《三藏》 Tripitika 46

上師 gurus 80

上座部 Sthacras 53

上座部佛教 Theravada school 19-24, 23, 105, 114

大昭寺 Jokhang 64

大迦葉 Mahakasyapa 41

大梵 Brahman 36-8

大眾部 Mahasanghikas 52

大眾部佛教 Mahavana Buddhism 53-8, 59, 83, 93

大眾部和尚 Ho-shang Mahayana 65

大菩提學會 Maha Bodhi Society 91

大雄 Mahavira 39, 40, 42

大燈禪師 Datio Zenji 79

四劃

不殺生 ahimsa 39

不滿足；苦 duhkha 45 中國 China 58-62, 77, 84, 97-8, 99-101, 103, 104

中道 middle way 43

五戒 Five Preccpts 71, 76

內觀 Vipasyana(insight meditation) 44, 49

公案 Koans 28, 77

化身 Reincarnation 32, 36-9, 67, 70, 79-82, 83-4

天台宗 Tendai 63

天台宗 Tien-tai 60, 63

天葬 sky burial 32

太虛 T'ai-hsu 98

孔費爾得，傑克 Kornfield, Jack 105

巴利文聖典學會 Pali Text Society 102

巴利經文 Pali Canon 46, 102

《心經》 Heart Sutra 79

文殊師利 Manjusri 56, 58, 78

日本 Japan 25-28, 57, 62-3, 77, 79, 84, 103

日蓮 Niehiren 63

比丘及比丘尼 bhikhus and bhikk-huous 71

五劃

世間流轉 alternate worlds 70

丘傑阿剛 Chuje Akong 66

丘揚創巴 Chogyam Trungpa 66, 106

出家 pabbajja 72

功德之路 punya (path of merit) 74

卡米克人 Kalmyks 107

卡拉布拉 Kalabhra 67

卡提那日 Kathina 76

卡魯仁波切 Kalu Rinpoche 107

卡魯斯，保羅 Carus, Paul 104

占星術 astrology 66

四聖諦 Four Noble Truths 42

尼溫 Ne Win 95

布拉瓦茲基，海淪 Blavatsky, Helen P. 90, 102

布施 dana (giving) 75

布薩日 poya days 75

打手印 Mubras 32

《本生經》 Jatakas 40

本尊神 yidams 30, 81

玄奘 Hsuan-tsang 60

瓦茲，艾倫 Watts Alan 104

目犍連 Mahamaudgalyana 41

立正佼成會 Rissho-koseikai 99

六劃

共產黨 Communism 96, 97, 99, 106

印尼 Indonesia 97

印度 India 33-46, 44, 67-8, 76, 79-81, 92, 99

印度教 Hinduism 39, 41, 68, 79-80, 88, 93

地獄 hell 80

地藏王 Jizo 57

宇努 U Nu 95

安世高 An Shih-kao 58

寺規 monasticism 41, 52

　比丘及比丘尼 71

　出家 72

　在西方

　戒律

　具足戒 72

　僧伽，僧團 20, 46, 51-2, 73, 71-6, 89

　叢林僧侶 71

老子 Lao Tzu 61

自我，自性 atman 36-8

西藏 Tibet 63-8, 99-101, 106, 109

七劃

《佛所行贊》 Buddhacarita
40
佛陀(悉達多，喬達摩) Buddha
(Siddhartha Gautama) 20,
21, 40-5, 45, 55
佛陀弟子 disciples of Bud-
dha 41, 46
伯勝節 Poson 76
克倫人 Karens 95
吠陀宗教 Vedic religion
34-9
戒律(紀律) Vinaya(Disci-
pline) 24, 46, 52, 71
沙門運動 Sramana Movement
36-40, 43
赤棉 Khmer Rouge 96

八劃

具足戒 Upasampada 73
卓巴仁波切 Zopa Rimpoehe
107
卓瑪 Drogma 65
宗派 nikayas (schools) 52
宗喀巴 Je Tsongkhapa 83
宗喀巴 Tsongkhapa 67
居士 laity 71-5, 82-5, 91, 99,
105, 114
帕拉卡馬巴胡一世 Parak-
kama-Bahu 87
忽必烈 Kublai Khan 66
念力 Mindfulness 26, 28
怛特羅佛教(密教) Tantrism
29, 64-8, 79-81
拉薩 Lhasa 64
拉薩大辯論 Great Debate 65
東南亞 Southeast Asia 51-3,
58, 92-7
松贊干布 Songtsen Gampo 64
波羅門教 Brahmanism 34, 39,
42, 46
法然上人 Honen Shonin 63
《法華經》 Lotus Sutra 59
盂蘭盆會 Obon 79
知識 Jnana 24
空丘嘉波 Konchog Gyalpo 66
空性 Sunyata 53
空海 Kukai 63
肯妮特‧羅西，吉優 Kennett
Roshi, Jiyu 110
舍利弗 Sariputra 41
花祭 Hana Matsuri 79
金山禪寺 Gold Mountain
Dhyana 104
金剛杵 dorjes 31-2
金剛乘宗(藏傳佛教) Naira-
yana(Tibetan)school 28-
32, 30, 56, 63-68, 74, 79-80,
101, 106, 106-7

《長阿含經》 Digha-nikaya 39

阿育王 Asoka Maurya 52

阿那加利‧卡達馬帕拉 Anagarika Dharmapala 91

阿底峽 Atisha 65

阿姜查 Ajahn Chah 105

阿諾‧艾德溫爵士 Arnold, Sir Edwin 102

阿彌陀佛 Amida（Amidabutsu，Amitabha）61, 84

阿羅漢 arhant 50

阿羅藍 Arada Kalama 43

阿難 Ananda 41, 83

非暴力和平手段 pacifism 118

九劃

宣化上人 Hsuan Hua 104

《律藏》阿毘達磨 Abhidharma 46

施捨 alms 22, 24, 61, 74, 85

砂圖 sand pictures 29, 31

祈禱 praver 59, 84

紀律 Disciphine see Vinava 見戒律

美國 United States of America 77, 103-108, 110-111, 111, 112, 114

美達哥馬‧達磨難陀

Medaganna Dhammamanda 113, 114

耶薩拉節 Esala 76

苦行 tapas 38, 43

苦行主義 asceticism 39-40, 41, 43

苯教 Bon-po 64

迦膩色伽王 Kanida 53

十劃

唐善魯‧薩亞道 Taungpulu Savadaw 105

哥德斯坦‧喬 Goldstein, Joel 105

時輪金剛灌頂 Kalachakra Initiation 29, 30

朗達瑪 Langdarma 65

根敦珠 Gendun-drup 67

桑耶寺 Samyé 59

格義佛教 Gentry Buddhism 59

格魯巴派（黃教）Gelugpa （Yellow Hat）school 29, 67

泰米爾 Tamils 87-90, 91-2

泰國 Thailand 70, 73, 92, 105, 114

涅槃 Nehan 79

涅槃 Nireama 79

班奈特‧艾倫 Bennett Allen 104

真言 Mantras 30, 81

真言宗 Shingon school 63, 77, 79

神祕主義 Mysticism 80

神道教 Shinto 63, 99

素食主義 Vegetarianism 28, 39

耆那教 Jains 39-40, 46

馬來西亞 Malaysia 92-94

高棉 Cambodia 77, 92-6, 96

十一劃

曼荼羅 Mandalas 29, 81

曼連乘摩節 Monlam Chemno 82

婦女 Women 20, 71, 74, 110

寂護上師 Shantarakshita 65

密勒日巴 Milarepa 66

救贖 Salvation 70, 103

曹洞宗 Soto School 25, 28, 77

欲 Trsna 45

淨土宗 Pure Land school 60, 61, 63, 79, 82-5, 107-8

淨土真宗 Jodo Shin-shu 108

《淨土經》 Pure Land Sutras 61

祭祀 Sacrifice 22, 34-6

第二次世界大戰 World War II 98, 103

終極實體(相) Ultimate Realtiy 82

通神論 Theosophy 90, 102

都它葛米那王 Dutugamuna King 88

雪斯塔修會 Shasta Order 111

十二劃

最澄 Saicho 63

創價學會 Soka Gakkai 99

《喜金剛密續》 Hevajra Tantra 66

斑達拉乃克 Bandaranaike, SWRD 91

斯里蘭卡 Sri Lanka 19, 21, 25, 76, 87-90, 93, 114-15

朝聖 Pilgrimage 59, 85

無我 anatman 45

無明 avidya 48

無常 anitya 45

短匕 phnba 32

結夏安居 Rain Retrcat 76

善巧方便 skillful means 32

善與惡 good and evil 70

菩提伽耶 Bodh Gava 43

菩提達摩 Bodhidhama 79

菩薩 Bodhisattvas 55-8, 56, 78, 84

華嚴宗 Flower Garland school see Hua-yen 見華嚴

華嚴宗 Hua-yen (Flower Garland school) 60

萊思—大衛茲，凱洛琳 Rhys-
  Davids, Garoline 110
菲律賓 Philippines 92, 93
越南 Vietnam 92, 93, 96-7,
  105
超自然力量 Supernatura 170,
  103, 116
雅利安人 Aryans 34-6, 36
黃教 Yellow Hat see Gelugpa
  school 見格魯巴派

十三劃

傳道士 Missionaries
  佛教徒 46, 53, 58, 64, 93,
    107
  基督徒 89, 90, 95
塔爾尋活佛 Tarthang Tulku
  108
《奧義書》 Upanishads 36
新加坡 Singapore 94
新金剛乘 ajradhatu 107
業 karma 38, 39, 70
瑜珈 Yoga 43
經文 scriptures 40, 46, 51-3,
  118
經書 Sutras 43, 55, 60, 61, 79
罪的觀念 Sin, concept of
  115
義淨禪師 I-tsing 59
聖人遺骸 relies 20, 55, 76

葛喜·旺哥爾 Geshe Wangal
  107
葛喜·索巴 Geshe Sopa 107
解脫 moksha 33
道元禪師 Dogen Zenji 25, 79
道果系統 Lamdre system 66
道教 Taoism 58-9, 61
達賴喇嘛 Dalai Lanna 29, 30,
  31, 67, 98, 101, 107, 117
鈴木大拙 Suzuki, D. T. 104
雷斯—大衛茲 Rhys-Davids,
  T. W. 102

十四劃

僧伽，僧團 Sangha 20, 46, 51-
  2, 73, 71-6, 89
圖滇耶喜 Thubten Yeshe 107
寧瑪巴派(舊派) Nyingmapa
  (Old Ones)school 66, 103
瑪爾巴 Marpa 65, 66

十五劃

儀式主義 ritualism 24, 26, 28,
  28-32, 35, 59, 67, 77, 79-82,
  84, 117
墀松德贊 Trisong Detsen 65
寮國 Laos 70, 92, 96
慶節 festivals 74, 75-6, 77-
  9, 82
慧思 Hui-ssu 60

歐卡特，亨利・史蒂爾 Olcott, Henry Steele 90, 102

歐洲 Europe 101-18, 112

歐洲殖民主義 European colonialism 88, 89, 92, 94, 96, 101

歐塞爾 Osel Tendzin 107

潘迪塔・溫馬拉布多 Pandita Wimalabuddho 114-5

熱巴巾 Ralpachen 65

瑩山禪師 Keizan Zenji 79

緬甸 Burma 77, 92-96

緬甸 Myanmar see Burma

緣起 pratitya-samutpada 47, 53, 60

十六劃

蓮花座 lotus position 26

蓮華生大士 Padmasambhava 64

蓮華戒 Knmalasia 65

諸佛 Buddhas 84

輪迴 samsara 21, 31, 43, 49, 55

《黎俱吠陀》 Rig Veda 34-5

儒教 Confucianism 58, 62, 97-8

噶舉派 Kagyusechool 46, 106

親鸞 Shinran 63, 79

遺教結集 Buddhist Councils 41, 51, 51-3

錫蘭民族 Sinhalese 88, 91

霍娜 Horner B. 110

十七劃

彌勒 Maitreya 56, 58, 84

禪 Chan 見禪宗

禪宗 Son school 62, 99

禪宗 Zen school 24-8, 28, 39, 60, 60-1, 62, 62, 65, 76-9, 79, 98, 103-14, 110

禪宗祖師 Dhyann Buddhas 84

禪定；冥想 Meditation 24-8, 28, 28-32, 30, 43, 49, 59, 60, 75-9, 79-82, 84, 91

禪定三昧 samatha 24

禪蓮學會 Zen Lotus Soeiety 104

臨濟宗 Rinzai school 77

臨濟禪師 Romzao Zenji 79

謎語 twilight language 81

韓國 Korea 62, 98, 104

叢林僧侶 forest monks 71

十八劃

禮佛 puja 21-22

舊派 Old Ones 見寧瑪巴派

藏傳佛教 Tibetan Buddhism see Najrayana school 參閱金剛乘

薩迦派 Sakya school 66
薩爾瓦達亞運動 Sarvodaya
　　Movement 115
轉世活佛 Tulkus 66, 76

十九劃

羅賓遜，理察 Robinson,
　　Richard 107
臘八 Rohatsu 79
寶鈴 ghantas 32
覺悟，開悟 Enlightemnent
　　20, 26,
　　　29, 43, 52, 71, 84

廿劃及以上

釋宗演 Soyen Shaku 104
釋聖嚴 Sheng Yen Chang 105
灌頂 abhiscka 81
灌頂 initiations 30
觀世音 Avalokitesvara
　　56, 57, 67
觀音 Kuan-yin 56, 105
觀音宗 Kwan Um school 105
鬱陀羅伽 Udraka Ramaputra
　　43

英文索引

— A —

Abhidharma 《律藏》阿毘達磨 46

abhiscka 灌頂 81

ahimsa 不殺生 39

Ajahn Chah 阿姜查 105

alms 施捨 22, 24, 61, 74, 85

alternate worlds 世間流轉 70

Amida (Amidabutsu，Amitabha) 阿彌陀佛 61, 84

An Shih-kao 安世高 58

Anagarika Dharmapala 阿那加利·卡達馬帕拉 91

Ananda 阿難 41, 83

anatman 無我 45

anitya 無常 45

Arada Kalama 阿羅藍 43

arhant 阿羅漢 50

Arnold, Sir Edwin 阿諾，艾德溫爵士 102

Aryans 雅利安人 34-6, 36

Asceticism 苦行主義 39-40, 41, 43

Asoka Maurya 阿育王 52

astrology 占星術 66

Atisha 阿底峽 65

atman 自我，自性 36-8

Auspicrous Features, Thirty-Three 三十三相 44

Avalokitesvara 觀世音 56, 57, 67

avidya 無明 48

— B —

Bandaranaike, SWRD 斑達拉乃克 91

Bennett Allen 班奈特·艾倫 104

bhikhus and bhikkhuous 比丘及比丘尼 71

Blavatsky, Helen P. 布拉瓦茲基，海淪 90, 102

Bodh Gava 菩提伽耶 43

Bodhidhama 菩提達摩 79

Bodhisattvas 菩薩 55-8, 56, 78, 84

Bon-po 苯教 64

bones, human 人骨 32

Brahman 大梵 36-8

Brahmanism 波羅門教 34, 39, 42, 46

Buddha (Siddhartha Gautama) 佛陀(悉達多·喬達摩) 20, 21, 40-5, 45, 55

Buddhacarita《佛所行贊》40

Buddhas 諸佛 84

Buddhist Councils 遺教結集 41, 51, 51-3

Burma 緬甸 77, 92-96

— F —

Cambodia 高棉 77, 92-6, 96

Carus, Paul 卡魯斯‧保羅 104

Chan 禪 見禪宗

China 中國 58-62, 77, 84, 97-8, 99-101, 103, 104

Chogyam Trungpa 丘揚創巴 66, 106

Chuje Akong 丘傑阿剛 66

Communism 共產黨 96, 97, 99, 106

Confucianism 儒教 58, 62, 97-8

— D —

Datio Zenji 大燈禪師 79

Dalai Lanna 達賴喇嘛 29, 30, 31, 67, 98, 101, 107, 117

dana (giving) 布施 75

Dhyann Buddhas 禪宗祖師 84

Digha-nikaya《長阿含經》39

disciples of Buddha 佛陀弟子 41, 46

Disciphine see Vinava 紀律

見戒律

Dogen Zenji 道元禪師 25, 79

dorjes 金剛杵 31-2

Drogma 卓瑪 65

duhkha 不滿足；苦 45

Dutugamuna King 都它蔦米那王 88

— E —

Eightiold Path 八正道 21, 48

Enlightemnent 覺悟，開悟 20, 26, 29, 43, 52, 71, 84

Esala 耶薩拉節 76

Europe 歐洲 101-18, 112

European colonialism 歐洲殖民主義 88, 89, 92, 94, 96, 101

— F —

festivals 慶節 74, 75-6, 77-9, 82

Five Preccpts 五戒 71, 76

Flower Garland school see Hua-yen 華嚴宗 見華嚴

forest monks 叢林僧侶 71

Four Noble Truths 四聖諦 42

— G —

Gelugpa (Yellow Hat) school 格魯巴派（黃教）29, 67

Gendun-drup 根敦珠 67

Gentry Buddhism 格義佛教 59

Geshe Sopa 葛喜・索巴 107

Geshe Wangal 葛喜・旺哥爾 107

ghantas 寶鈴 32

Gold Mountain Dhyana 金山禪寺 104

Goldstein, Joel 哥德斯坦・喬 105

good and evil 善與惡 70

Great Debate 拉薩大辯論 65

gurus 上師 80

－H－

Hana Matsuri 花祭 79

Heart Sutra 《心經》 79

hell 地獄 80

Hevajra Tantra《喜金剛密續》66

Hinduism 印度教 39, 41, 68, 79-80, 88, 93

Ho-shang Mahayana 大眾部和尚 65

Honen Shonin 法然上人 63

Horner B. 霍娜 110

Hsuan Hua 宣化上人 104

Hsuan-tsang 玄奘 60

Hua-yen (Flower Garland school) 華嚴宗 60

Hui-ssu 慧思 60

－I－

I-tsing 義淨禪師 59

India 印度 33-46, 44, 67-8, 76, 79-81, 92, 99

Indonesia 印尼 97

initiations 灌頂 30

－J－

Jains 耆那教 39-40, 46

Japan 日本 25-28, 57, 62-3, 77, 79, 84, 103

Jatakas 《本生經》 40

Je Tsongkhapa 宗喀巴 83

Jizo 地藏王 57

Jnana 知識 24

Jodo Shin-shu 淨土真宗 108

Jokhang 大昭寺 64

－K－

Kagyusechool 噶舉派 46, 106

Kalabhra 卡拉布拉 67

Kalachakra Initiation 時輪金剛灌頂 29, 30

Kalmyks 卡米克人 107

Kalu Rinpoche 卡魯仁波切 107

Knmalasia 蓮華戒 65

Kanida 迦膩色伽王 53

Karens 克倫人 95

karma 業 38, 39, 70

Kathina 卡提那日 76

Keizan Zenji 瑩山禪師 79

Kennett Roshi, Jiyu 肯妮
　特・羅西・吉優 110

Khmer Rouge 赤棉 96

Koans 公案 28, 77

Konchog Gyalpo 空丘嘉波 66

Korea 韓國 62, 98, 104

Kornfield, Jack 孔費爾得・
　傑克 105

Kuan-yin 觀音 56, 105

Kublai Khan 忽必烈 66

Kukai 空海 63

Kwan Um school 觀音宗 105

— L —

laity 居士 71-5, 82-5, 91, 99,
　105, 114

Lamdre system 道果系統 66

Langdarma 朗達瑪 65

Lao Tzu 老子 61

Laos 寮國 70, 92, 96

Lhasa 拉薩 64

lotus position 蓮花座 26

Lotus Sutra 《法華經》 59

— M —

Maha Bodhi Society 大菩提學
會 91

Mahakasyapa 大迦葉 41

Mahamaudgalyana 目犍連 41

Mahasanghikas 大眾部 52

Mahavira 大雄 39, 40, 42

Mahavana Buddhism 大眾部佛
　教 53-8, 59, 83, 93

Maitreya 彌勒 56, 58, 84

Malaysia 馬來西亞 92-94

Mandalas 曼荼羅 29, 81

Manjusri 文殊師利 56, 58, 78

Mantras 真言 30, 81

Marpa 瑪爾巴 65, 66

Medaganna Dhammamanda 美達
　哥馬・達磨難陀 113, 114

Meditation 禪定；冥想 24-8,
　28, 28-32, 30, 43, 49, 59, 60,
　75-9, 79-82, 84, 91

middle way 中道 43

Milarepa 密勒日巴 66

Mindfulness 念力 26, 28

Missionaries 傳道士
　佛教徒 46, 53, 58, 64, 93,
　　107
　基督徒 89, 90, 95

moksha 解脫 33

monasticism 寺規 41, 52
　比丘及比丘尼 71
　出家 72
　在西方

戒律
　具足戒 72
　僧伽，僧團 20, 46, 51-2, 73,
　　71-6, 89
　叢林僧侶 71
Monlam Chemno 曼連乘摩節 82
Mubras 打手印 32
Myanmar see Burma　緬甸
Mysticism 神祕主義 80

— N —

Ne Win 尼溫 95
Nehan 涅槃 79
Niehiren 日蓮 63
nikayas (schools) 宗派 52
Nireama 涅槃 79
Nyingmapa (Old Ones) school
　寧瑪巴派(舊派) 66, 103

— O —

Obon 盂蘭盆會 79
Olcott, Henry Steele 歐卡
　特·亨利·史蒂爾 90, 102
Old Ones 舊派　見寧瑪巴派
Osel Tendzin 歐塞爾 107

— P —

pabbajja 出家 72
pacifism 非暴力和平手段
　118

Padmasambhava 蓮華生大士
　64
Pali Canon 巴利經文 46, 102
Pali Text Society 巴利文聖
　典學會 102
Pandita Wimalabuddho 潘迪
　塔·溫馬拉布多 114-5
Parakkama-Bahu 帕拉卡馬巴
　胡一世 87
Philippines 菲律賓 92, 93
phnba 短匕 32
Pilgrimage 朝聖 59, 85
Poson 伯勝節 76
poya days 布薩日 75
pratitya-samutpada 緣起 47,
　53, 60
praver 祈禱 59, 84
puja 禮佛 21-22
punya (path of merit) 功德
　之路 74
Pure Land school 淨土宗 60,
　61, 63, 79, 82-5, 107-8
Pure Land Sutras 《淨土經》
　61

— R —

Rain Retrcat 結夏安居 76
Ralpachen 熱巴巾 65
Reincarnation 化身 32, 36-
　9, 67, 70, 79-82, 83-4

relies 聖人遺骸 20, 55, 76

Rhys-Davids, Garoline 萊思一大衛茲，凱洛琳 110

Rhys-Davids, T. W. 雷斯一大衛茲 102

Rig Veda 《黎俱吠陀》 34-5

Rinzai school 臨濟宗 77

Romzao Zenji 臨濟禪師 79

Rissho-koseikai 立正佼成會 99

ritualism 儀式主義 24, 26, 28, 28-32, 35, 59, 67, 77, 79-82, 84, 117

Robinson, Richard 羅賓遜・理察 107

Rohatsu 臘八 79

— S —

Sacrifice 祭祀 22, 34-6

Saicho 最澄 63

Sakya school 薩迦派 66

Salvation 救贖 70, 103

samadlu 三摩地 99

samatha 禪定三昧 24

samsara 輪迴 21, 31, 43, 49, 55

Samyé 桑耶寺 59

sand pictures 砂圖 29, 31

Sangha 僧伽，僧團 20, 46, 51-2, 73, 71-6, 89

Sariputra 舍利弗 41

Sarvodaya Movement 薩爾瓦達亞運動 115

scriptures 經文 40, 46, 51-3, 118

Shantarakshita 寂護上師 65

Shasta Order 雪斯塔修會 111

Sheng Yen Chang 釋聖嚴 105

Shingon school 真言宗 63, 77, 79

Shinran 親鸞 63, 79

Shinto 神道教 63, 99

Sin, concept of 罪的觀念 115

Singapore 新加坡 94

Sinhalese 錫蘭民族 88, 91

skillful means 善巧方便 32

sky burial 天葬 32

Soka Gakkai 創價學會 99

Son school 禪宗 62, 99

Songtsen Gampo 松贊干布 64

Soto School 曹洞宗 25, 28, 77

Southeast Asia 東南亞 51-3, 58, 92-7

Soyen Shaku 釋宗演 104

Sramana Movement 沙門運動 36-40, 43

Sri Lanka 斯里蘭卡 19, 21, 25, 76, 87-90, 93, 114-15

Sthacras 上座部 53

Sunyata 空性 53

shruwi 天啟　33, 35, 56, 57

shudras 首陀羅　38, 44, 46, 55

Sita 息妲　21, 52

Smuriti 代代相傳　46

Soma 蘇摩　33, 36

Surya 太陽神　35

Swaminarayan 史瓦米納拉揚 141-2

－T、U－

tamas(inertia) 惰性　43

Tantras 怛特羅　49, 57, 68-71, 72, 80, 88, 115

Temples 廟宇，寺廟 83-91, 104

Upanayana 啟蒙禮　101

Upanishads 奧義書　32, 39-47, 57, 58, 62, 73

－V－

Vach 瓦曲　36

Vaishnavas 毘師孥派　59-61, 68-9, 141-2

Vaishyas 吠舍　38

varnashrama-dharma 種性階級與住期之法　43-6, 54

Varuna 婆盧那　33, 36

Vedanta 吠檀多，吠檀多派 73-5, 86, 116, 134

Vedas 吠陀經　31, 37, 39, 46, 57, 71, 114

Vishishta-advaita Vedanta 限定不二一元論吠檀多 74-5

Vishnu 毘師孥　36, 59-61, 64, 67, 68, 76, 86, 91

vratas 福拉塔斯　99

－W、Y－

women 婦女　45, 55, 70, 78, 94, 98-100, 101-3, 135-8

Yajur Veda 夜柔吠陀　32

Yama 閻摩　35, 42

yantras(mandals) 曼荼羅，壇場　71, 88

yoga 瑜珈　30, 41-2, 54, 56-7, 68, 73, 74, 119, 143

宗教的世界5

佛教的世界
Buddhism

作者	布拉得利·赫基斯(Bradley K. Hawkins)
譯者	陳乃琦
主編	王思迅
責任編輯	張海靜　潘永興　王文娟
封面設計	徐璽
電腦排版	冠典企業有限公司
發行人	郭重興
出版	貓頭鷹出版社股份有限公司
合作出版	世界宗教博物館發展基金會
發行	城邦文化事業股份有限公司
	台北市信義路二段213號11樓
	電話：(02)2396-5698
	傳眞：(02)2357-0954
郵撥帳號	1896600-4　城邦文化事業股份有限公司
香港發行	城邦(香港)出版集團
	電話：(852)2508-6231
	傳眞：(852)2578-9337
新馬發行	城邦(新馬)出版集團
	電話：(603)2060-833
	傳眞：(603)2060-633
印刷	成陽印刷股份有限公司
登記證	行政院新聞局局版北市業字第1727號
初版	1999年12月
定價	180元

國家圖書館出版品預行編目資料

佛教的世界／布拉得利‧赫基斯（Bradley K.
   Hawkins）著：陳乃琦譯　　初版　　臺北市
   ：貓頭鷹出版：城邦文化發行，1999〔民88〕
      面；　　公分‧--（宗教的世界：5）
參考書目：面
含索引
譯自：Buddhism
ISBN 957-0337-43-5　　（平裝）

  1.佛教

220   88017613